rowohlts monographien
begründet von Kurt Kusenberg
herausgegeben von
Beate Kusenberg und Klaus Schröter

Else Lasker-Schüler

mit Selbstzeugnissen
und Bilddokumenten
dargestellt von
Erika Klüsener

Rowohlt

Dieser Band wurde eigens für «rowohlts monographien» geschrieben
Den Anhang besorgte die Autorin
Herausgeber: Kurt Kusenberg · Redaktion: Beate Möhring
Schlußredaktion: K. A. Eberle
Umschlagentwurf: Werner Rebhuhn
Vorderseite: Else Lasker-Schüler im Jahre 1920
(Züricher Bibliothek)
Rückseite: Verweigerung der Arbeitserlaubnis durch die
Züricher Fremdenpolizei
(Polizeiarchiv Zürich)

17.–19. Tausend August 1985

Inhalt

Else Lasker-Schüler, 1932

Klischiertes Bild und Wirklichkeit

Die Dichterin und die Nachwelt

Alle Biographen, die sich mit Leben und Werk Else Lasker-Schülers auseinandergesetzt haben, sind auf die gleichen Schwierigkeiten gestoßen: Dichtung und Leben sind bei dieser phantasiebegabten Frau so sehr ineinander verwoben, daß die Dichtung ihr Leben schien und ihr Leben zur Dichtung geriet.

Will man beispielsweise ihre Kindheit nachzeichnen, so ist man teilweise auf sehr späte Dichtungen angewiesen. Man muß dabei bedenken, daß die erinnerten Vorgänge und Zusammenhänge dreißig bis fünfzig Jahre zurückliegen. Bei der Wiedergabe ihrer Erinnerungen, denen die Fakten häufig nachweislich widersprechen, erschien es daher angebracht, jeweils das ungefähre Alter der Dichterin anzugeben.

Nach ihren frühen Erfolgen als Lyrikerin wollte Else Lasker-Schüler in einer bestimmten Weise gesehen werden. Peter Hille, ihr damaliger Mentor und Dichterfreund, half ihr ein Persönlichkeitsbild von sich zu entwickeln, das sie während der verschiedenen Stadien ihres Lebens aufrechtzuerhalten trachtete oder modifizierte. Es war so konstruiert, daß es sich über das Faktische erhob, und das nicht nur zum Selbstschutz und gemäß ihrer «Selbstschätzung», sondern aus dem Bestreben heraus, die Welt kraft eines künstlerischen Willensaktes zu verändern. Obgleich Dieter Bänsch sich bemüht hat, das «etablierte Bild»[1]* der Dichterin zu erschüttern, kam er im wesentlichen wieder zu dem Schluß, daß ihr Versuch, ihre Welterfahrung dichterisch zu erklären, «rührend vergeblich» gewesen sei. In der Literaturgeschichte gilt sie also immer noch als weltfremde Phantastin ohne politisches Gespür. Man vergißt dabei zu leicht, daß sie nicht nur mit Künstlern wie Däubler, Marc, Trakl und Benn befreundet war, sondern auch zum Umkreis von Männern wie Gustav Landauer, Johannes Holzmann, Erich Mühsam, Ernst Toller, den Brüdern Herzfeld und Paul Zech gehörte.

Am 15. Januar 1931 schrieb sie an Paul Goldscheider: *Am 18. große Versammlung für Lenin* (über das n zeichnete sie einen Stern), *den sitzenden Napoléon, für die politische Dichterin Rosa* (über das o zeichnete sie ebenfalls einen Stern) *Luxemburg und für Karl Liebknecht. Ich*

---

* Die hochgestellten Ziffern verweisen auf die Anmerkungen S. 130f.

gehe hin.[2] Man muß dabei bedenken, welch hohen Begriff Else Lasker-Schüler von dem «Titel» Dichter hatte, um zu ermessen, wie sehr sie Rosa Luxemburg schätzte.

In der Kaisergeschichte *Der Malik*[3], nach der Wieland Herzfelde seinen Verlag benannte, spricht sich die Dichterin unter dem Eindruck der aktuellen Ereignisse deutlich gegen den Krieg und die Politik des Kaisers aus. Wieland Herzfelde schrieb: «Daß wir (Neue Jugend) ihn (den Roman *Der Malik*) fortsetzten, hatte aber einen besonderen Grund. Es war nämlich eine Anti-Kaiser-Geschichte in Briefen.»[4] Trotzdem stellte Michael Töteberg es in der Monographie John Heartfields so dar, als hätten Herzfelde und Heartfield den «romantischen, träumerisch-irrealen Roman Else Lasker-Schülers», der «mit Politik wenig zu tun habe (und mit der Politik des Kaisers gar nichts)»[5] nur als Vorwand benutzt, um eine neue Verlags-Lizenz zu bekommen.

Woran liegt es, daß man sich bislang kaum bemüht hat, diese Inhalte zu untersuchen, während man doch durchaus bereit ist, etwa Franz Kafka in seine phantastischen Bereiche zu folgen? Woran liegt es, daß man von Else Lasker-Schüler erwartet, sie hätte sich explizit für eine Veränderung der politischen Verhältnisse ihrer Zeit einsetzen müssen, während man in unserer literaturwissenschaftlichen Disziplin noch immer mit höflicher Polemik etwa an das Werk eines Thomas Mann herangeht, der sich noch zur Entstehungszeit des *Malik* für ein überlebtes politisches Konzept einsetzte?

Die Vorstellungen über den Rang der verschiedenen Teile dieses dichterischen Werkes sind ebenfalls festgelegt. Else Lasker-Schüler gilt als Lyrikerin, ihre Prosa und das dramatische Werk werden kaum beachtet oder als zweitrangig abgetan. Zudem wirft man ihr vor, das Werk kreise in schrankenloser Individualität nur um sie selbst. In einem 1914 verfaßten Brief an den sehr werten *Mir von Zion*, Martin Buber, weist sie diesen Vorwurf bündig zurück: *Daß ich nur von mir spreche, geschieht aus übergroßer Gerechtigkeit, aus Gewissenhaftigkeit, nicht nur aus Selbstschätzung. Nämlich, weil ich mich nur kenne und von mir Auskunft geben kann.*[6]

Nur wenige Gedichte des 20. Jahrhunderts zeigen so deutlich wie Else Lasker-Schülers *Weltflucht* das «Moment des Bruches», das Theodor W. Adorno für ein Kriterium von Lyrik hält:

> *Ich will in das Grenzenlose*
> *Zu mir zurück,*
> *Schon blüht die Herbstzeitlose*
> *Meiner Seele,*
> *Vielleicht – ist's schon zu spät zurück!*
> *O, ich sterbe unter Euch!*
> *Da ihr mich erstickt mit Euch,*
> *Fäden möchte ich um mich ziehn –*
> *Wirrwarr endend*
> *Beirrend,*

Euch verwirrend,
Um zu entfliehn
Meinwärtig!

Der Bereich des Ichs ist als das *Grenzenlose* definiert, in der *Herbstzeitlosen* der Seele ein Endzustand angedeutet. Die Verwirrung, in der sich das lyrische Ich befindet, kommt in den Zeilen 8 bis 10 zum Ausdruck, in denen durch die Häufung der Begriffe des Irrens und Wirrens, verstärkt durch das Partizip Präsens, die Begründung der beiden letzten Zeilen erst voll verständlich wird. *Meinwärts* ist eine der Wortschöpfungen, die die Arbeitsweise Else Lasker-Schülers kennzeichnen, eine ungewöhnliche Zusammensetzung vertrauter Wortkomponenten, durch die man den sprachlichen Zusammenhang neu sieht. Sie hat stets versucht, ihr Material Sprache bis an die Grenzen der Belastbarkeit zu erproben. Das Wort *meinwärts* läßt alle Assoziationen, die andere Komposita dieser Art hervorrufen, anklingen: aufwärts, rückwärts, heimwärts. Der Konflikt zwischen Person und Gesellschaft ist ausgedrückt im Gegeneinander von *ich* und *ihr* in verschiedenen grammatischen Fällen: *Ich . . . mir . . . mich . . . – Euch . . . Ihr . . . Euch.* Die Einsicht in die Vergeblichkeit des Wunsches, der Welt zu entfliehen, ist deutlich formuliert: Die Weltflucht ist als bloßer Wunsch definiert: *Ich will . . . möchte ich . . .* und gleich vom Zweifel begleitet: *Vielleicht ist's schon zu spät zurück!* Dem Fluchtwunsch, durch den Gebrauch des Verbums «wollen» als Vollverb besonders hervorgehoben, folgt unvermittelt der Hinweis auf die *Herbstzeitlose* der Seele, der in der Wortwahl zugleich auf das *Grenzenlose* des ursprünglichen Zustands Bezug nimmt und auch dadurch den Zweifel an der Erfüllbarkeit des Wunsches unterstreicht. Adorno hätte dieses Gedicht an Stelle von Goethes «Wanderers Nachtlied» gemeint haben können, als er ausführte: «Das Ich, das in Lyrik laut wird, ist eines, das sich als dem Kollektiv, der Objektivität entgegengesetztes bestimmt und ausdrückt; mit der Natur, auf die sie sein Ausdruck sich bezieht, ist es nicht unvermittelt eins. Es hat sie gleichsam verloren und trachtet, sie durch Beseelung, durch Versenkung ins Ich selber, wiederherzustellen.»[7]

Sowohl inhaltlich als auch sprachlich ist für Else Lasker-Schüler die Flucht aus dem verbindlichen Kanon der Zeit bestimmend. Gesellschaftlich-konventionelle Beziehungen werden zugunsten persönlicher aufgegeben; aus der bedrückenden sozialen Realität der preußisch-imperialistischen Gründerjahre flieht man in ethisch-utopische Gemeinschaften, die sich um ein neues Menschenbild und neue Gesellschaftsformen bemühen: aus der verwirrenden und belastenden ökonomischen Realität strebt man ins Reich der poetischen Phantasie. Angesichts der Schrecken der sich immer stärker technisierenden Welt neigt man zu naiven und primitiven Vorstellungen menschlichen Zusammenlebens, wird zum Indianer, zum Beduinen, zum wilden Urjuden aus den bunten Seiten des Alten Testaments. Doch ist zugleich der Wunsch spürbar, ein positives Gegenbild zu errichten, die Grenzen zwischen Kunst und Leben niederzureißen, auf das Leben einzuwirken mit den Mitteln der Kunst.

Wegen der Neuartigkeit ihrer Bildwelt und der Ekstatik ihres Ausdrucks wird Else Lasker-Schüler in der Regel noch als Vorläuferin des Expressionismus gesehen, wenn nicht dieser Bewegung zugeordnet. Da sie ein sehr persönliches Verhältnis zur Zeit hatte und sich später gern jünger machte, als sie war, dürfte sie mit dieser Einordnung sehr einverstanden gewesen sein, da die Expressionisten zum Teil erheblich jünger waren als sie. Doch zeigt gerade die Bildwelt dieser Dichterin, wie sehr sie ein Kind der Gründerjahre war. Es ist wahrscheinlich, daß Else Lasker-Schüler wesentliche Anregungen aus der trivialen Welt der wilhelminischen Ära aufnahm. Nicht zu leugnen ist ihre Begeisterung für Tand und Flitter, Talmi und Kitsch, Unechtes und Auffallendes, mit dem sie sich umgab, das von einem bestimmten Zeitpunkt an auch ihr äußeres Erscheinungsbild bestimmte, indem sie sich kleidete, wie man zu Kostümfesten ging. Ihre Dichtung sowie ihr zeichnerisches Werk spiegelt diese Faszination, nun aber verwandelt und in einer Weise umgeformt, daß der triviale Anlaß nicht mehr zu erkennen ist. Aus den Exotismen, in denen die offizielle Gründerkunst schwelgte, kristallisierte sie sich ihren mythisch-biblischen Orient heraus; ihre religiöse Kunst entzündete sich an zeitgenössischen religiösen Darstellungen mit ihrem charakteristischen Zug ins Erotische. Poesiealben und Glanzbilder, Rosenholz und Zinnsoldaten, Nippes und Tausendgucker, Näschereien, Tauben, Engel und Rosen – nichts aus dem Arsenal dieser Ära fehlt bei Else Lasker-Schüler. Daß im Werk dieser Dichterin daraus etwas ganz Eigenes und Unverwechselbares wurde, zeigt ihre große Kunst der Anverwandlung, die Souveränität, mit der sie sich diese klischierte Bildwelt nutzbar zu machen verstand.

Herkunft –
Legende und Wirklichkeit

Noch heute stößt man in Nachschlagewerken, Archiven und in der Lasker-Schüler-Literatur auf folgende farbige Familiengeschichte: Die 1876 geborene Else Schüler war die Tochter des Elberfelder Architekten Aron Schüler und seiner dichterisch veranlagten Ehefrau Jeanette, geborene Kissing, deren Vater, ein Nachfahre adeliger spanischer Großkaufleute, sich nach seiner Einwanderung aus Spanien in Kissingen als Weinbauer niedergelassen hatte. Der Vater Else Schülers stammte aus dem westfälischen Ort Geseke bei Lippstadt und war eines der elf Kinder des Gutsbesitzers Moses Schüler und dessen Ehefrau Rosa, geborene Cohen. Die Mutter Aron Schülers starb nicht ganz vierzigjährig, und der Vater heiratete darauf ihre jüngere Schwester Henriette, die ihm noch einmal zwölf Kinder gebar. Der Vater der Schwestern Rosa und Henriette Cohen war der berühmte Oberrabbiner der Rheinlande und Westfalens, Hirsch Cohen aus Geseke.

Der Wuppertaler Hille-Forscher Emerich Reeck entdeckte bei seinen Recherchen über Peter Hille gewissermaßen als «Nebenergebnis», daß sich die urkundlich nachweisbare Realität keineswegs in allen Punkten mit diesem farbigen Porträt der Familien Schüler und Kissing deckt und somit den Ausführungen der Dichterin zur eigenen Familiengeschichte mit Skepsis zu begegnen sei.

Else Lasker-Schüler wurde am 11. Februar 1869 in Elberfeld geboren, als sechstes Kind des ehemaligen Reisenden und späteren Privatbankiers Aron Schüler und seiner Ehefrau Jeanette, geborene Kissing. Deren Mutter stammte aus Kissingen, ihr Vater war jedoch nicht Weinbauer, sondern Weinhändler. Die spanische Abstammung der Familie Kissing ist bisher nicht nachgewiesen. Else Lasker-Schülers Vater kam zwar aus dem westfälischen Geseke, doch dessen Vater war nicht Gutsbesitzer, sondern Fuhrunternehmer und Bankier. Seinen beiden Ehen entstammen nicht 23, sondern 21 Kinder. Auch der Beruf des Vaters der Schwestern Rosa und Henriette (also Else Lasker-Schülers Urgroßvater väterlicherseits), Hirsch Cohen, ist bis heute nicht mit Sicherheit festzustellen, obgleich sich B. Brilling bemüht hat nachzuweisen, daß Hirsch Cohen der berühmten Rabbinerfamilie Rappaport angehört habe.[8] Hirsch Cohen und seine Frau Bela, geborene Israel-Gagenhümer[9], lebten ebenfalls in Geseke. Hirsch Cohen ist das Urbild des *Rabbuni*, den die Urenkelin zum Oberrabbiner der Rheinlande und Westfalens erhob.

Nach dem 11. und 12. Bericht über den «Verein für Westfalen und Rheinprovinz zur Bildung von Elementarlehrern und Beförderung von Handwerkern und Künsten unter den Juden»[10] hat es zu dieser Zeit einen Lehrer Cohen in Geseke gegeben.

In der Figur des *Rabbuni* hat die Dichterin mehrere Topoi miteinander verbunden, die das gesamte Werk durchziehen. Der *Rabbuni* ist sowohl Ausdruck für den *Ältesten* als auch für ihr jüdisches Blut mit seiner *Mostvergorenheit* und steht zugleich für den *Jüngsten*, das Kindliche und Verspielte. So ist die dichterische Gestalt in der Lage, das *Herz aus der Brust* zu nehmen, *um den Zeiger des roten Zifferblatts wieder nach Gottosten zu stellen*[11].

In der Kaisergeschichte *Der Malik* taucht eine orientalische Variante dieser Figur auf. In *Die Krönungsrede* heißt es: *Die großselige Mumie meines Urgroßvaters, des Scheiks, liegt nun hundert Jahre im Gewölbe. Er konnte sein Herz in die Hand nehmen und es strömen lassen wie einen bunten Brunnen.*[12] Mit Spanien, dem mythischen Herkunftsland ihrer Mutter, hat Else Lasker-Schüler diese Gestalt in der Erzählung *Der Wunderrabbiner von Barcelona* (1921) verbunden.

In dem 1932 veröffentlichten Schauspiel *Arthur Aronymus und seine Väter* ist diese Gestalt Uriel, der Vater Henriettens, der Landesrabbiner von Rheinland und Westfalen. Sein Diener Ephraim muß den zu ihm kommenden Abordnungen mitteilen, daß der Rabbi ein Kind ist. Auch den Rabbi selbst muß er zwei- bis dreimal am Tag an diese Tatsache erinnern: *Der Rabbi ist ein Kind.* Man nennt ihn ein *Urkind* und ein *Sternenkind.* Und er verkündet, sein *arg geplündert Rabbiherz* sehne sich *nicht nach eitlem Tand, doch mit kindischem Spiel behangen zu werden.* Und ein Junge fragt: *lauschend begierig: «Rabbi Uriel könne sein Herz nehmen aus der Brust und seinen roten Zeiger nach Gottosten stellen? –»*[13]

In dem Charakter dieses Greises vereint Else Lasker-Schüler das Jüdisch-Religiöse, Wundertätige mit dem Künstlerischen, das kindlich Weise und Spielerische mit der Fähigkeit zu Gesichten. In *Ich räume auf!* erinnert sich die Sechsundfünfzigjährige: *Mich besternend betrachtete ich als Kind so gerne das ehrfurchtsvolle künstlerische Priesterantlitz meines Urgroßvaters, der Oberrabbuni vom Rheinland und Westfalen in religiösem und politischem Heile seiner Gemeinde Oberhaupt, so weihevolle Jahre Frieden brachte.*[14] Mit dem «Sich-Besternen» hat Else Lasker-Schüler den eigenartigen Zauber zu umschreiben versucht, der von dieser alten Familiengeschichte auf sie ausging. Die Teilhabe am Kosmischen, am Überraumzeitlichen drückt sich bei ihr immer im vertrauten Umgang mit Mond und Sternen aus, die sozusagen die Siglen ihrer Kunst sind. So wie sich der Katholik vor dem Gebet bekreuzigt, um den Alltag auszuschalten, «besternte» sich Else Lasker-Schüler vor dem Bilde ihres Urgroßvaters – was durchaus ein rein im Bildlichen bleibender Vorgang gewesen sein kann, denn natürlich ist ein solches Bild nicht nachweisbar. Die Verbundenheit mit dem Urgroßvater wird dadurch unterstrichen, daß sein Lieblingsenkel Arthur Aronymus – also der Vater der Dichterin – dem Großvater sehr ähnlich sieht: *Die Natur hatte ihn nach des Großvaters Antlitz verschnitten und er war sehr stolz darauf.*[15] Arthur Aronymus besucht den Großvater ahnungsvoll an dessen Sterbetag. Seine Schwester Dora hat den Veitstanz und wird daher von den Gesekern für eine Hexe gehalten. Die Juden befürchten ein Pogrom, und der Todesengel erscheint dem Rabbi, um ihn darauf vorzubereiten, daß er seinen Lieblingsenkel opfern müsse. Der Rabbi ringt die ganze Nacht mit dem Todesboten und stirbt schließlich selbst, nachdem er seinen Liebling noch einmal gesehen hat. Ein junger Kaplan, der ebenfalls eine besondere Vorliebe gerade für dieses Kind hat, schlägt vor, Arthur Aronymus taufen zu lassen, um die Geseker zu beruhigen. Da die Eltern Schüler fest zu ihrem Glauben stehen und diesen Vorschlag ablehnen, wird schließlich durch einen Brief des Kaplans an seinen Onkel und Mentor, den Bischof Matthias von Paderborn, die Gefahr abgewendet. Ein Hirtenbrief des Bischofs, vom Kaplan auf dem Marktplatz im Beisein der Familie Schüler verlesen, ruft die aufgehetzte Gemeinde zu Vernunft und Nächstenliebe auf. Der Bischof wiederum war ein guter Freund des verstorbenen Rabbi. Beide Herren diskutierten gern über religiöse Fragen.

Anwesen der Familie Schüler in Geseke

Dieses Stück, das schon deshalb schwer spielbar ist, weil darin 32 Kinderrollen zu besetzen sind, ist weniger wegen der dramatischen Anlage interessant; es ist vielmehr ein aufschlußreiches Zeugnis für die Selbstinterpretation Else Lasker-Schülers Anfang der dreißiger Jahre, die nur als nachträgliche Sinngebung verstanden werden kann, als ein Versuch der Selbstbehauptung. Ferner ist es in einer Zeit des wachsenden Antisemitismus in Deutschland ein Aufruf zur Toleranz; es ist sozusagen Else Lasker-Schülers «Nathan».

Wie Dieter Bänsch schon deutlich gemacht hat, zielen alle hier vorhandenen Linien und angedeuteten dichterischen Motive auf die Dichterin selbst, da sie das Kind dieses Enkels ist: das Religiöse, das Kreative, das Auserwähltsein und das Kindliche, Ungelehrte, Verspielte. Vor allem das letzte ist in allen Variationsmöglichkeiten durchgestaltet. Eine Linie führt vom Großvater über die Mutter zum Kind Arthur Aronymus. Eine religiös-spirituelle Linie geht aus vom rettenden Bischof Matthias[16] und führt über dessen Neffen, den edlen Kaplan Bernard, ebenfalls zu Arthur Aronymus. Von der Ur- und Sternenkindlichkeit des Urgroßvaters war schon die Rede. Dem entspricht die Kindlichkeit des Bischofs, der sich beim Sedermahle im Schülerschen Haus *wie ein Kind* über das Essen freut und *im Ton des Kindes, den Kindern zuzwinkernd*, sich als der *kleine mutwillige Matthias* gibt. Auch von den armen Juden führt ein geheimes Band zur Dichterin, auch sie sind unter dem Topos «Kindlichkeit» zu fassen. Im ersten Bild spricht der Nachtwächter *naiv vertraulich* mit dem Kaplan. Der Hausierer Zielinsky drückt sich vorwiegend in Diminutiven aus, spricht *rührend kindlich* und *schüchtern*. Und die Figur, die wie Joseph von Ägypten Träume deuten kann, ist ebenfalls ein Kind und heißt nicht zufällig *Josefchen*. Sie ist als Dichterfigur aufzufassen, da sie die gleiche Fähigkeit besitzt wie die Dichterin selbst, deren berühmteste «Fluchtmaske» ja Joseph in seiner ägyptischen Zeit ist – Jussuf, der Prinz von Theben.

Die Arthur Aronymus-Dichtungen beziehen sich nicht nur auf die zeitgenössische politische Entwicklung, sondern auch auf Ereignisse in der Zeit und an dem Ort, da die Handlung spielt. Den historischen Rahmen lieferten die «Exzesse in Geseke und Störmede» im Jahre 1844, «nachdem jüdische Eltern sich gegen die erzwungene Taufe ihres vierzehnjährigen Sohnes bei der Regierung beschwerten». Die Betglocke wird zum Sturm gegen die Juden geläutet, Trommelschläger gehen dem Haufen voran. Schulkinder ziehen vor die jüdischen Häuser, um «Hepp hepp, Jude verreck» zu rufen.[17] Es heißt jedoch ausdrücklich, die Angriffe hätten sich nicht auf Leib und Leben der Betroffenen, sondern auf deren Eigentum gerichtet. Man hat daher die blutigen Zusammenstöße, die im *Wunderrabbiner* und in den Arthur Aronymus-Dichtungen berichtet werden, als prophetische Vorausschau der Judenverfolgung im Dritten Reich gedeutet.[18] Aron Schüler wurde am 15. Januar 1825 geboren, war also zur Zeit der Vorgänge in Geseke und Störmede neunzehn Jahre alt. Er wird sie gut in Erinnerung behalten und seiner Familie davon erzählt haben.

Der Vater: Aron Schüler

Die Großmutter Else Lasker-Schülers väterlicherseits wurde am 3. Oktober 1793 in Warburg geboren und starb am 14. März 1833 in Geseke, kurz nach der Geburt ihres zehnten Kindes. Der Name Schüler scheint von ihrem Schwiegervater an Stelle eines nicht bekannten oder nicht genannten angenommen worden zu sein. Aron Schüler, das sechste Kind von Moses und Rosa Schüler, verlor seine Mutter mit acht Jahren, scheint jedoch ein gutes Verhältnis zu seiner Tante Henriette gewonnen zu haben, die nach dem Tode der Mutter seine Stiefmutter wurde.

Das Verhältnis zwischen Aron Schüler und seinem Vater Moses, dem Fuhrunternehmer und Bankier, scheint gespannt gewesen zu sein, da Moses Schüler in den Dichtungen als streng, diktatorisch und eher kinderfeindlich charakterisiert wird. In der *Geschichte meines Vaters* ist er so geschildert: *. . . ein ganzer Mann, fast zu hart im Ausdruck, ja seine kühlen Blicke trafen oft den Nächsten wie dunkle Dolche.*[19] Zürnte er seinen Kindern, blickte sein hellblaues Auge *wie ein kalter Himmel*, und

15

die *kleinsten seiner Söhne und Töchter* pflegte er *aus dem großen Garten zu vertreiben, bis sie schüchtern vor dem Zaun riefen: «Wir sind doch deine Kinder.»*[20] Auch ist er als Mensch charakterisiert, der streng auf soziale Unterschiede hält; wenn in dem Schauspiel die Gutsherrin dem fliegenden Händler Brennessel etwas im Hause zu essen gibt, zürnt ihr Mann, sie verwöhne diesen, der gewohnt sei, *im Freien zu grasen*[21]. Auch heißt es in der Regieanweisung der ersten Fassung, er wende sich *etwas verlogen, aber weltmännisch*[22] den armen Juden am Nebentisch zu. Diese sind geladen, weil das Ritual es so fordert, ihre soziale Situation steht dabei nicht zur Debatte. Ihre unterentwickelte Kindlichkeit und ihre Armut werden gerade als positiv herausgestellt.

Bezeichnenderweise taucht der Vater in den ihm gewidmeten Werken als Kind auf, und als Kind hat Else Lasker-Schüler ihren Vater immer wieder dargestellt. Fast sechzigjährig schildert sie ihn in der Erzählung *Die rote Katze: Nie war Windstille in seinem Herzen, darum eben umging er der Schule trockene Lektion. Was nicht mit ihm wild aufwachsen wollte, ihm in den Mund geflogen kam oder in seine beiden Ohren, kümmerte ihn wenig. Das ABC lag eines Abends in seiner Muke, sogar aus süßem Teig gebacken. Er konnte auf einmal lesen und schreiben. Muke nannten er und seine zweiundzwanzig Geschwister das Versteck, in das sich jedes der Kinder seine Äpfel und Birnen und Nüsse und Zuckersachen bewahrte. – Rechnen verstand mein Vater in seinen spätesten Jahren noch nicht, – darum wohl rechnete niemand in der Stadt ernstlich mit ihm ab. Darum blieb ihm das System der Uhr bis zu seinem Tode ein Rätsel ... So zählte ihn nie jemand zu den Erwachsenen.*[23] Hier wird deutlich, daß die Dichterin außer der Kindlichkeit folgende Charakterzüge von ihrem Vater abgeleitet hat: die Schulfeindlichkeit, den Hang zum Naschen und das spezielle Verhältnis zur Zeit.

Obgleich die Dichterin immer wieder das stürmisch laute Temperament ihres Vaters herausstellt, muß doch angenommen werden, daß er zu rechnen und sich nach der Uhr zu richten verstand. Wie anders hätte er sich sonst vom Handelsvertreter zum selbständigen Bankier entwickeln können? Für die geschäftlichen Fähigkeiten macht sie wohl sein *hervorragendes Organisationstalent* verantwortlich, das geradezu *wunderkindhaft* gewirkt haben soll, obgleich seine Zensuren *jedesmal neuen Anlaß zu Zornesausbrüchen gaben*[24].

An anderer Stelle rühmt Elses Mutter dieses Talent im Zusammenhang mit den Baubestrebungen des Vaters: *Ein genialer Bauorganisator sei unser Vater, sagte einmal ... meine Mama zu uns ... Kindern. Und änderte auch selbst ihre Meinung nicht, wenn die Leute ... die ewigen Mängel der Bauten ihres Mannes bekrittelten. Am kundigsten war mein Vater im Aufrichten von Aussichtstürmen ... Ein richtiger Laushuh, was soll der auch von regelrechten Wohnhäusern verstehen. Aussichtstürme ... waren seine Schwäche.*[25] Textstellen wie diese haben zu der Vermutung Anlaß gegeben, Aron Schüler sei Architekt gewesen. Else Lasker-Schüler hat das niemals direkt behauptet, dem aber auch nicht widersprochen. Sicher ist, daß Aron Schüler nach seiner Tätigkeit als Han-

Die Mutter Jeanette, geborene Kissing

Das Elternhaus in der Sadowastraße, Elberfeld

delsagent bei der Firma Reimann und Meyer später ein kleines Bankgeschäft gründete.[26] In *Das Hebräerland* erinnert sich die über sechzig Jahre alte Tochter aber auch an das *Baubüro*, das der Vater neben der *alten jedem in der Stadt wohlbekannten Bank*[27] besessen habe. Es liegt nahe, daß der Vater Baukredite gab und mit diesen Krediten finanzierte Bauten als die seinen bezeichnet hat. Auf Grund der Erwähnung des väterlichen Baubüros darf man aber vielleicht annehmen, daß Aron Schüler eine Zeitlang versucht hat, sich in den Bauboom der Gründerjahre einzuschalten. Den Erzählungen der Tochter zufolge kann er damit aber nicht allzu erfolgreich gewesen sein.

In *Ich räume auf!* erinnert sich die Sechsundfünfzigjährige: *Ich mußte mit ihm als sein jüngstes Kind die Gerippe der Neubauten besteigen.*[28] Diese Kindheitserinnerung fand ihren dichterischen Niederschlag 1921 in *Der Wunderrabbiner von Barcelona.* Es heißt da: *Es lebte eine Dichte-*

18

rin im Judenvolke Barcelonas, Tochter eines vornehmen Mannes, der mit dem Bau der Aussichtstürme der großen Städte Spaniens betraut war. Arion Elevantes im Wunsch nach einem Bauerben erzog Amram, seine Tochter, wie einen Sohn. Amram bestieg jeden frühen Morgen mit ihrem Vater die Neubauten, die höchsten Gerippe der Stadt.[29]

Diese Darstellung ist insofern aufschlußreich, als an ihr wiederum verschiedene Spuren der Lebenslegende Else Lasker-Schülers ablesbar sind. Zunächst zeigt sie, daß der Kreativitätsanspruch auf eine Seite ihrer Doppelbegabung, das Zeichentalent, vom Vater abgeleitet wird. Das durchaus noch unterbewertete, kunsthistorisch bislang nicht eingeordnete zeichnerische Werk Else Lasker-Schülers kultiviert ja bewußt Züge, in denen das Kindlich-Dilettantische des väterlichen Erbes reflektiert erscheint. Zugleich sind hier sowohl der fiktive Name des Vaters als auch das Turm-Motiv, das in vielen Variationen das dichterische Werk durchzieht, von der Kindheit hergeleitet. Ferner ist der spätere Rollentausch im Wunsch des Vaters nach einem *Bauerben* vorinterpretiert. Jedenfalls scheint die spätere Rollenunsicherheit durch den Vater verursacht worden zu sein. Denn in *Das Hebräerland* erinnert sich die Tochter: *Er schätzte Mädchen nicht allzusehr, und ich mußte in seiner Begleitung stets keck und burschikos gekleidet gehen.*[30]

Aron Schüler hat seine Frau Jeanette (geb. 26. April 1838), eine Verwandte der Familie Sonnemann, wahrscheinlich im Hause seiner Halbschwester Rosa Sonnemann in Frankfurt getroffen. Deren Ehemann Leopold Sonnemann hatte im Jahre 1857 die «Frankfurter Zeitung» gegründet. Im Stadtgerichtshaus zu Frankfurt wurde am 17. Oktober 1857 die Ehe der Eltern Else Lasker-Schülers geschlossen.[31] Das junge Paar zog nach Elberfeld, wo am 21. Oktober 1858 der erste Sohn, Alfred Jacob, geboren wurde. Die weiteren Kinder kamen in rascher Folge hintereinander zur Welt: Maximilian Moritz (geb. 1. Dezember 1859), Paul Carl (geb. 23. Februar 1861), Martha Theresia (geb. 24. Mai 1862) und Anna (geb. 3. Mai 1863). Bis zur Geburt des jüngsten Kindes Elisabeth vergingen dann fast sechs Jahre. Es ist daher anzunehmen, daß diesem Kind besondere Beachtung geschenkt wurde und sich vor allem die Mutter ausgiebig mit ihm beschäftigen konnte. Offensichtlich war schon in der Familienkonstellation angelegt, daß Else Lasker-Schüler sich nicht nur als Mittelpunkt, sondern auch als besonders schutzbedürftig und klein empfand.

Die Familie wohnte zunächst im Herzen Elberfelds, in der Herzogstraße 29, dem Geburtshaus Else Lasker-Schülers. Die Privatfirma Aron Schülers mit derselben Adresse wird im Adreßbuch des Jahres 1864 zum erstenmal erwähnt. Später befand sich das Bankgeschäft in anderen Häusern, als Adressen tauchen auf: Wirmhofstraße 3 und Mäuerchen 20.[32] Wahrscheinlich zog die Familie Anfang der siebziger Jahre in die neuangelegte Sadowastraße um, in das dreistöckige Haus Nr. 7 mit dem kleinen Gärtchen dahinter, nach dem sich die jüngste Tochter später so oft zurücksehnte.

Die Mutter erscheint in den Erinnerungen der Tochter als das direkte

Gegenteil des Vaters. Immer wieder wird das Bild der schönen, jugendlich-majestätischen «Mama» beschworen. Diese verehrte Goethe und Napoleon, las Ritterromane und Petöfi und lebte, wie es die Tochter später darstellt, meistens in einer Traumwelt. Auch auf der mütterlichen Seite hat Else Lasker-Schüler ihren Stammbaum vom Handel und Geldgeschäft zum Adel, zum Bodenverbundenen und Kreativen emporgerückt. Der Urgroßvater hieß Josef Herz Löwenau. Dessen Sohn, Else Lasker-Schülers Großvater mütterlicherseits, nahm den Namen Kissing[33] an und war Weinhändler in Kissingen. Ob die Großmutter dichtete, muß dahingestellt bleiben. Doch hat Else Lasker-Schüler ihr *Dichttum* immer wieder von ihr hergeleitet. Sie bezeichnet ihre Großmutter Johanna Kopp als Dichterin, und im Schoße von deren Tochter, ihrer Mutter, *baute* sie ihre *Dichtung auf.* In *Das Hebräerland* erinnert sich die Dichterin an die Zeit im elterlichen Hause, die noch nicht durch lä-

Die Gartenseite des Hauses Sadowastraße 7

stige Schulpflichten gestört war: . . . *und der häusliche Unterricht bedeutete mir eine Spielerei; aber eine Belohnung, saßen wir beide, meine allerbeste Freundin, meine junge schöne Mama und ich nebeneinander beisammen am Rosenholztisch und dichteten. Ach sie bewunderte mich unausgesetzt; ich war so stolz, vertraute ihrem Urteil und es gelang mir der schwierigste Vers, da ich meine Dichtung in ihrem Schoß aufbaute. Auch liebte ich meine nie gesehene, bei der Geburt ihres Kindes (meiner Mama) gestorbene Mama, meine Großmama, die Dichterin Johanna Kopp.*[34] Das Wunderkindhafte, das Else Lasker-Schüler schon in den Darstellungen des Vaters hervorhob und später auch im Talent ihres Sohnes entdeckte, scheint auch bei ihren eigenen Fähigkeiten durch: Mit fünf Jahren will sie angeblich ihre *besten Gedichte* geschrieben haben.

In einem Brief vom 3. Juni 1927 an Paul Goldscheider[35] schildert Else Lasker-Schüler ihr Verhältnis zur Mutter: *Meine Mama hat früher immer mit mir gedichtet. Überall fand sie Papierschnitzel, die aus meinen Kleidertäschchen fielen, mit Versen. Meine Großmutter war eine Dichterin gewesen und starb so früh, sie hieß: Johanna Kopp. Mein Großvater war ein direkter Spanier, baute auf den Kissinger Bergen den Wein. Man sagt doch, er baute Wein? Wenn man über die Anlage der Weinstöcke sieht, glaubt man nämlich wirklich der Grund eines Hauses ist gelegt.*[36] Hier wird deutlich, wie wichtig die Verschiebung vom Weinhandel zum Weinbau für das Selbstverständnis der Dichterin war, wobei der Wein als Sinnbild des Blutes gesehen ist. Daß Wein *gebaut* wird, verbürgt gewissermaßen das Fundament der mütterlichen Linie. So wird nachträglich die Herkunft untermauert, auf die festen Wurzeln der Existenz verwiesen. Das ist ganz unexpressionistisch. Das gedachte großväterliche Weingewölbe ist zugleich Sinnbild für das Herz des Dichters, die dichterische Begabung wird vor allem von diesem Familienzweig hergeleitet.

In höchst komplexer Form hat Else Lasker-Schüler die Entstehung ihres Schauspiels *Die Wupper* dargestellt. Mehr als fünfzehn Jahre nach der Niederschrift des 1909 veröffentlichten Stückes erinnert sie sich in *Ich räume auf: In einer Augustnacht schrieb ich mein Schauspiel Die Wupper . . . Bange Jahre gegoren, floß die Wupper durch das Gewölbe meines Herzens aus dunkler Erinnerung gepreßt, eine alte schwere Schauspielauslese.*[37] Daß sich bei ihr immer ganz konkret Geschautes ins Bild wandelt, geht aus einer Textstelle in *Das erleuchtete Fenster* hervor, in der sie diese Metaphorik zugleich mit dem väterlichen Zweig verknüpft: *Das erleuchtete Fenster aber war ein großes Bogenfenster . . . im Treppenhaus, vom Treppenhaus unseres Flur aus gesehen, über unsere Gasse hinweg in einen fremden Birnengarten. Mit allerlei Furcht blickte ich durch den mysteriösen Bogen, dahinter ein altes Mütterchen die Wäsche der Familie des Hauses wusch. Aber ich verwandelte die greise Wäscherin in einen Wunderrabbiner . . . Vierteljahrhundert gärte diese Dichtung in meinem Herzen, wurde ein Weinberg, alter, spanischer Wein, sternenjährige Judenrebe. Mit der Kunst ist es nämlich wie mit dem Rebensaft. Je länger sie sich im Gewölbe des Herzens entfaltet, desto schwerer wird sie.*

Meiner teuren Mutter, die ich, seit sich mir das Bogenfenster offenbarte, abends . . . bange zu umklammern pflegte, erzählte ich mit großaufgetanen Augen das Geheimnis des erleuchteten Glases. «Du bist eine Dichterin», sagte meine Mutter. Und daß sie nun tot ist, und nicht leibhaftig teilnehmen kann am gedeckten Mahl meiner Verse, betrübt meine Seele.[38] Und in *Das Hebräerland* schreibt die alte Dichterin: *Kunst ist Wein . . . je länger der kostbare Most im Herzen des träumenden, schäumenden Künstlers ruht, desto . . . süßer der Dichtung Blume.*[39]

Die Großmutter Johanna starb zwei Monate nach der Geburt der Tochter Jeanette Kissing an Tuberkulose. Da Jacob Kissing sehr bald nach dem Tode seiner Frau wieder heiratete, wurde Jeanette zu Verwandten gegeben, wuchs also gewissermaßen elternlos auf, obgleich der Vater erst 1845 starb. Aus diesen frühen Kindheitseindrücken ist vielleicht die bezeugte Schwermut Jeanette Kissings zu erklären.

Else Lasker-Schüler gibt die Schwermut ihrer Mutter als Begründung für die eigene Erkrankung am Veitstanz an. Fast sechzigjährig erinnert sie sich in *Der letzte Schultag: Ich stieg auf unseren Turm, von ihm aus konnte ich nach allen Seiten gucken. Auf einmal sah ich meine liebe, liebe Mama so traurig den kleinen Berg herabkommen, so traurig, das vermag meine Hand nicht zu schildern, da müßte ich schon mein Herz aus der Brust nehmen und es schreiben lehren.*[40] Das Kind will der Mutter vom Turm herab entgegengesprungen sein, um sie schneller zu erreichen, wurde jedoch von der *Jalousie des unteren Turmfensters* aufgefangen, so daß es mit einem Schock davonkam, in dessen Folge allerdings Symptome von Veitstanz auftraten. Else Lasker-Schüler muß zu dieser Zeit elf Jahre alt gewesen sein. Bis zu diesem Tag soll sie das im Kriege zerstörte Lyzeum West an der Aue besucht haben, seitdem jedoch nur noch Privatunterricht erhalten haben.

Das Haus Sadowastraße 7 in Wuppertal hat keinen Turm. In *Das Hebräerland* erinnert sich Else Lasker-Schüler jedoch, der Vater habe den Turm *liebevoll an die grüne Seite des großen Hauses*[41] gelehnt. Nur an der dem Tal zugewandten Seite wäre Platz für einen Turm gewesen, da hier ein Tor *Schülers Gasse* verschloß, während zum Berg hin ein etwa um die gleiche Zeit wie das Haus Nr. 7 entstandenes Zeilenhaus unmittelbar anschließt. Die Gartenseite des Hauses entspricht jedoch nicht der gleichmäßig gereihten Straßenfront, das Haus ist auf der Talseite um einen Raum tiefer als auf der anderen Seite. Es ist also über einem L-förmigen Grundriß errichtet. Da die zum Berg gewandte Seite des Hauses zugebaut ist, kann mit der *grünen Seite* nur die Talseite zum Garten hin gemeint sein. Möglicherweise ist dem Kind diese vorspringende Seite wie ein Turm erschienen.

Das Turm-Motiv, oft als Metapher gebraucht, darf nicht real genommen werden, es hängt vielmehr wieder mit dem Dichterberuf zusammen und ist daher hier mit der Mutter verbunden. Auch die Aussichtstürme des Vaters weisen auf diesen Zusammenhang. Und in *Der Malik* etwa siedelt die *abendländische Dichterin* ihr kleines Hotelzimmer *hoch in einem Turme*[42] an. Man darf diese Motivik wohl im Sinne von Karl Pestalozzis Erklärung der «Entstehung des lyrischen Ich» als Ausdruck des «Aufschwungs» verstehen, der «in das Gedicht mündet»[43]. Dieser Aufschwung bezeichnet also den Augenblick des Auseinandertretens von empirischem und dichterischem Ich, wenn wir den Begriff «lyrisches Ich» einmal im Sinne Gottfried Benns benutzen, der nicht zwischen «lyrischem» und «dichterischem» Ich unterschied. Im *Malik* kennzeichnet die angeführte Stelle das Auseinandertreten von Erzählerin (Dichterin) und Erzählgegenstand (Malik), eine frühe Form der Spaltung des Ichs, ein Motiv, das ebenfalls das gesamte Werk Else Lasker-Schülers bis zum späten Drama *Ichundich* durchzieht. Diese Auffassung wird unterstrichen durch die bei Karl Pestalozzi angeführten Zeilen Friedrich Rückerts aus dem 3. Strauß des «Liebeslebens», «Ich bin der Welt abhanden gekommen»:

> Ich bin gestorben dem Weltgewimmel
> Und ruh' in einem stillen Gebiet,
> Ich leb' in mir und meinem Himmel
> In meinem Lieben, in meinem Lied![44]

Diese besagen nichts anderes als Else Lasker-Schülers 1911/12 formulierter Satz: *Ich sterbe am Leben und atme im Bilde wieder auf*[45], *der wiederum dieses Auseinandertreten von Ich und Ich illustriert. Auf diesen *Turm* will Else Lasker-Schüler auch gestiegen sein, um auf die Menschen herabzuschreien: *Ich langweile mich so!*[46] Auch das Spiel *Einwortsagen* erfand die Mutter, um der Langeweile ihrer zweijährigen Tochter zu begegnen: *Einwortsagen, nannten wir geheimnisvoll ein Spiel, das meine Mutter, eine Weile wenigstens, von meinen Quälereien befreite . . . Meine Mutter rief wichtig «Schokolade» und ich erwiderte ein sich darauf reimendes Wort. Meine Mutter: Tinte «Finte» (Flinte), «Paul», «faul»! bis mein viel älterer Bruder, der mir seiner Herbheit wegen imponierte und ich ihn darum wohl auch «Mann» nannte, sich einmischte, auf das Wort «hoch», das ungeschickt reimende Wort «Koch» wählte und ich zu erstikken drohte vom dumpfen Schall der Paarung, ja geradezu außer mir geriet, vom Knie meiner besorgten Mutter wild auf den Teppich purzelte. Ich zählte zwei Jahre.*[47]

Nach der gleichen Quelle lernte Else Schüler schon mit vier Jahren *zum Zeitvertreib* von der Gouvernante schreiben, und da Winter war, malte sie *jedem Buchstaben einen Schal um den Hals*. Hier hat die Dichterin wiederum ihre Doppelbegabung angemerkt und beides in ein Alter verlegt, das sie zum Wunderkind macht. In diesen Passagen kommt darüber hinaus ein weiterer Charakterzug zum Ausdruck, den kein Biograph Else Lasker-Schülers unerwähnt läßt: die für sie typische Gegensätzlichkeit. Die Widersprüchlichkeit äußert sich hier darin, daß das Kind zugleich ungelehrt und weise ist, kindlich und frühreif, daß es trotz übersprudelnder Phantasie von Langeweile geplagt wird.

Ein weiteres Spiel, das für die Selbstinterpretation Else Lasker-Schülers von besonderer Bedeutung war, ist das Spiel mit den Knöpfen der

Sammlung, die die Mutter eigens angelegt haben soll, um der Langeweile ihrer Tochter abzuhelfen. *Ich legte Knopf an Knopf, je vier oder fünf,
ebenmäßige Reihen in Zwischenräumen auf den großen Tisch und führte
dann mein klein Fingerchen über die Knopfreihen der abgeteilten Knopfstrophen. Wenn ich dann durch die Unregelmäßigkeit der Knopfgrößen
mit der Fingerspitze stolperte oder gar mit dem ganzen Finger abglitt,
schrie ich laut auf, genau wie ich mich heute körperlich verletzt fühle,
durch einen Vokal oder Konsonanten, der Störungen im Maß oder Gehör
undefiniert verursacht.*[48] Ähnlich wie beim *Einwortsagen* konstruiert Else Lasker-Schüler hier so etwas wie ein absolutes dichterisches Gehör.
Auch schildert sie Karl Kraus den Vorgang des Dichtens in verwandter
Weise. An Stelle der Knöpfe dienen hier farbige Bausteine als Sinnbil-
der für Wörter und Zeilen, die zugleich wieder auf die farbigen Klötze
verweisen, mit denen der Vater als Kind seine Türme errichtete.[49]

Beim Legen der *Knopfstrophen* hat Else Lasker-Schüler das dichterische Spiel zudem mit dem Motiv des Auserwähltseins verbunden: *Aber
einer der herrlichsten Knöpfe durfte überall liegen, wo er wollte, er war
aus Jett, besät mit goldenen Sternlein, und ich staunte ihn an. Er war das
Himmelreich meiner Knöpfe und hieß: Josef von Ägypten.*[50] Als Else
Lasker-Schüler diese Zeilen schreibt, liegt *die Nacht ihrer tiefsten Not*
schon fast fünfzehn Jahre hinter ihr. In dieser Nacht um 1910, in einer
Zeit nervöser Erkrankungen nach dem Auseinanderbrechen der zweiten
Ehe mit Herwarth Walden, hatte sie sich nämlich *zum Prinzen von The-
ben* erhoben. Als sie diesen Vorgang in ihrer *Anklageschrift gegen ihre
Verleger, Ich räume auf!* schildert, fragt sie zwar rhetorisch: *Welchen
Ahnen nachfolgte ich, welche Mumie salbte meine entschlossene Tat?*[51]
Doch war die Lebenslegende zu dieser Zeit schon voll ausgebildet, wie
das Knopfbeispiel zeigt. Geschildert hat Else Lasker-Schüler die Jo-
sephs-Eingebung freilich erst in *Das Hebräerland*, wo es heißt: *Ich träume – rügte mich die Lehrerin fast täglich in der Schule – und die Folge
davon ich «untenan» säße. Meine schwärmerische herrliche Mama be-
hauptete zwar, daß Träumen etwas Seltenes in der Welt. Joseph von
Ägypten habe viel geträumt, sogar dem Pharao die Träume gedeutet. Joseph und seine Brüder war meine Lieblingsgeschichte und ich durfte sie
immer erzählen in der Religionsstunde. Ich sei ja der Joseph von Ägypten
selbst, rief eines Tages, ganz dumm, eine Mitschülerin. Darum glaubten
es alle Kinder in der Klasse, und mir kam's so vom Himmel hoch herun-
ter; und ich vermochte seitdem gar nicht mehr aufzupassen.*[52]

Dieter Bänsch hat das Kostüm, das die Tochter dem Vater zuliebe an-
legte, als Josephskostüm gedeutet.[53] *Die Füße in hohen Tressenstiefeln
und eine Knabenmütze auf meinen gescheitelten, kurzgeschnittenen Haa-
ren. Und einen grünen Ledergürtel um den Leib, dessen Enden durch die
Falten meines Jacketts gezogen, eine Schnalle verschloß.*[54] Auch der Mutter hat die mehr als Fünfundsechzigjährige ein Josephskostüm zugeordnet, das nun auch eindeutig als solches gekennzeichnet ist: In den unteren Räumen des Schülerschen Hauses findet ein Maskenball statt, an
dem die schönen Schwestern – vierzehn und fünfzehn Jahre alt – als Blu-

Die älteste Schwester Martha als Kind

menmädchen und Matrosin verkleidet teilnehmen dürfen. Das Kind soll im Bett liegen, steht aber auf, schaut *in den hohen Spiegel*, um festzustellen, ob es *ihm wirklich ähnele*, wie jene vorlaute Mitschülerin so *dumm* bemerkt hatte, und kombiniert für die Mutter ein Josephskostüm. Dieses sieht nun gar nicht burschikos-männlich, sondern sehr weiblich aus. Die kleine Else hat sich demnach nämlich eine der spitzenverzierten Hosen der ältesten Schwester angezogen, die ihr *bis auf den Boden reichte*. Als Oberteil diente *das umfranste Samtjäckchen* der anderen Schwester. Um den Leib schließlich wand sie sich *eine himmelblaue Schärpe . . . ganz ägyptisch, dachte ich, und genau wie Joseph sie trug als Brotverweser und am Tage, als er sich seinen Brüdern zu erkennen gab*[55]. Den rustikal-männlichen Materialien des väterlichen Josephskostüms entgegengesetzt ist das betont kostbare Material – Spitze, Samt, Seide und Taft – des mütterlichen Kostüms. *Das Vaterkostüm* weist auf das Knabenhafte, das Mutterkostüm auf das Dichterische. Für Else Lasker-Schüler zählte das Dichterische zu den *feinsten Menschenqualitäten*[56], also sind auch die Materialien des dichterischen Josephkostüms von edelster Qualität.

Die tiefe Bindung an die Mutter kommt auch in dem Satz *Und es berührte sie der unaussprechlich rührende Zwischenfall unsäglich*[57] zum Ausdruck. Die Mutter ist natürlich die erste, die das *schüchtern* unter den Maskierten auftauchende Kind entdeckt. Der doppelte Hinweis auf die Unsagbarkeit der Empfindung drückt in diesem kurzen Satz die innige Verbundenheit von Mutter und Kind aus: Noch im Alter ist Else Lasker-Schüler so überwältigt von einer ihrer liebsten Erinnerungen, daß sie meint, diese eigentlich nicht in Worte fassen zu können.

Die Verkleidungen der Eltern entsprechen wiederum der mythischen Biographie Else Lasker-Schülers. Die Mutter erscheint nämlich als Spanierin: *Die schönste Maske unserer Maskenbälle, unter allen Frauen, war jedesmal meine von mir angebetete Mama. Im spanischen Spitzenkleide, als Micaëla, bewunderten sie alle unsere Gäste.*[58] Und der Vater erscheint als Schuljunge. Die Tochter *spielte mit dem niedlichen Schiefertafelschwämmchen, das an seiner Tafel aus dem Schultornister herabbaumelte von Papas Rücken. So einen drolligen, großen, breitschultrigen Schuljungen hatte ich noch nie im Lebtag gesehen.*[59]

Die Mutter ist stets von Edlem umgeben. Sie entschwand gern *in ihr kleines Wohnzimmerchen . . . verweilte zwischen ihren lieben kostbaren Elfenbeinbildchen, bei ihrer . . . Mama . . . der Dichterin Johanna Kopp, und ihrem spanischen Papa, aus Koralle geschnitzt*[60]. Auch einer der Lieblingsautoren der Mutter, Sándor Petöfi, ist der Dichterin kostbar in Erinnerung geblieben *in seiner Galauniform mit Schnüren, auf der ersten goldgerandeten Seite seines Gedichtbuches*[61]. Die beiden weiteren Idole der Mutter, Napoleon und Goethe, sind noch höher angesiedelt. Um die Seelenverwandtschaft mit Goethe zu vertiefen, machte Else Lasker-Schüler im Gedenkjahr 1932 kurzerhand Frankfurt zum Geburtsort der Mutter: *Er und sie aus ein und derselben Stadt, in Frankfurt zur Welt gekommen, begegneten sich unter dem Himmel der Erinnerung, auf den Wegen ihrer liebenswürdigen Heimat.*[62]

Wie eine Feuerbachsche Allegorie der Dichtkunst, das Land der Väter gleichsam mit der Seele suchend, erscheint die Mutter in dem Erinnerungsbild der Tochter: *Oft blickten beim Abendrot meiner Mama prachtvolle spanische Augen ganz weit in die Ferne – ich glaube nach Toledo.*[63] In ähnlicher Form, aber zeitloser erscheint die Mutter in der Überschrift für eine Reihe von Gedichten auf sie, die Dichterin und andere Familienangehörige: *Meine schöne Mutter blickte immer auf Venedig.*[64] In beiden Fällen wird auf den Süden, die angeblich exotische Herkunft, hingedeutet und der poetische Anspruch impliziert.

Von den Geschwistern liebte Else Lasker-Schüler vor allem Paul, den jüngsten ihrer Brüder, der ihr Nachhilfestunden gab, mit ihr im Wald spazieren ging und ihr immer wieder die Geschichte von Joseph und seinen Brüdern erzählen mußte. Er starb am 2. Februar 1882, nach den Erinnerungen der Schwester an einem Sonntag. Nach ihm benannte sie ihren Sohn. Er war das Vorbild für den edlen, schwärmerischen Eduard Sonntag in ihrem Schauspiel *Die Wupper*. Erinnerungen wie diese und die Schwermut der Mutter waren vielleicht auch der Grund für Else Las-

Die Mutter in späteren Jahren

ker-Schülers eigene Kindheitsängste. Zu den geselligen Veranstaltungen im Hause Schüler gehörte ein literarisches Lesekränzchen. Der theaternärrische Vater bekam, seiner lauten, ungestümen Art entsprechend, jeweils die *Schreirollen* und hatte die Lacher auf seiner Seite, während die Mutter Rollen wie *das Gretchen im Faust* las. An diesen Abenden durfte die achtjährige Else *auf dem Kanapee im kleinen Nebenzimmer schlafen* . . . Sie *hatte so Angst, alleine oben in der obersten Etage* des *weiten unheimlichen Hauses.* Verursacht wurde diese Angst durch Betrunkene, die singend vom Walde kamen: *Männer kamen vom Wald, Metzgergesellen, den steilen Hang herab und sangen so scharf, vielstimmig.*[65] An manchen Abenden hatte das Kind *allein oben im Schlafzimmer vor den betrunkenen Gesellen, die vom Wald kamen und wie Messer so scharf vierstimmig sangen*[66], Angst. Hier wird die Angst vor Gewalttätigkeiten durch den wiederholten Hinweis auf die Schärfe der

Der Lieblingsbruder Paul

Stimmen ausgedrückt. Im ersten Zitat liegt das Signal darin, daß das Kind die Singenden als Metzgergesellen empfand, im zweiten werden die Stimmen direkt mit Messern verglichen.

Diese Kinderangst kam wohl 1930 bei einer Lesung in Hannover ins Bewußtsein zurück. Heinrich Fischer erinnerte sich 1945 der folgenden Schilderung: «Stellen Sie sich vor: ich komme aufs Podium, schaue ins Publikum – und denken Sie, der ganze Saal voll mit dreihundert Metzgergesellen, jeder ein blankgeschliffenes Messer in der Hand.»[67] Mit diesem Bild versucht die Dichterin den ihr entgegenschlagenden Antisemitismus zu fassen. Zeugnisse davon hatte sie schon in ihrer Kindheit erfahren. In *St. Laurentius* erinnert sie sich der alljährlichen Laurentius-Prozession in Elberfeld. Böse Rufe, *Hepp, hepp!* schollen hinter ihr her, denn *auf mich hatten die Kinder der Mucker*[68] *einen besonderen Pik, weil ich ein rotes Kleidchen trug*[69]. Die Schilderung der antisemitischen Äußerungen in den Arthur Aronymus-Dichtungen geht wohl auf diese eigenen Kindheitserlebnisse zurück.

Der schlimmste Schlag für die gerade großjährig gewordene Else Schüler war der Verlust der vergötterten Mutter, die am 27. Juli 1890 zweiundfünfzigjährig starb. Die Tochter hat niemals versucht, dieses Ereignis zu schildern, sie hat die Trauer nur lyrisch verdichtet. Das früheste Gedicht dieser Art wurde 1902 in der ersten Gedichtsammlung *Styx* veröffentlicht:

Mutter

Ein weißer Stern singt ein Totenlied
 In der Julinacht,
Wie Sterbegeläut in der Julinacht.
Und auf dem Dach die Wolkenhand,
Die streifende, feuchte Schattenhand
Sucht nach meiner Mutter.
Ich fühle mein nacktes Leben,
Es stößt sich ab vom Mutterland,
So nackt war nie mein Leben,
So in die Zeit gegeben,
Als ob ich abgeblüht
Hinter des Tages Ende,
 Versunken
Zwischen weiten Nächten stände,
Von Einsamkeiten gefangen.
Ach Gott! Mein wildes Kindesweh!
. . . Meine Mutter ist heimgegangen.[70]

Es ist ein Lied der Erinnerung an den Tod der Mutter, die in der Verlassenen nachklingt wie ein schattenhaft fernes Geläut. Der Tod wird als zweite Geburt gesehen, die Schutzlosigkeit der Verlassenen im Bilde des von der mütterlichen Hülle entbundenen Kindes wiedergegeben, das damit beginnt, der Zeitlichkeit zu unterliegen. Die Geburt ist also als Beginn des Todes aufgefaßt, wie die Metaphorik zeigt: *Hinter des Tages Ende . . ./Zwischen weiten Nächten . . .* unterstrichen durch die Perfektformen: *abgeblüht . . . versunken . . . gefangen . . .* In der Prosastudie *Das Meer* weitet die Sechzigerin diese Metaphorik ins Kosmische aus. Im Sinne einer der vielen Auslegungen der Kabbala, nach der Gott sich zusammenzog, gleichsam einatmete, um Platz für die Welt zu schaffen und diese aus sich entlassen zu können, schildert sie auch das Meer als Geschöpf, als geboren: *Auch das Meer war einmal vom Körper umfangen gewesen, bevor es losbrauste. Das Meer ist die weite strömende, der Welt «gebliebene» Seele.*[71] Am Meer ist der die Welt durchwehende Atem Gottes noch spürbar. Dieses Geboren- und In-die-Zeitlichkeit-

Etwa sieben Jahre alt

Gegebenwerden, das die Dichterin durch den Tod der Mutter erfuhr, ist in einer Bildsprache ausgedrückt, in der sich wieder mehrere Inhalte überlagern. – *Wie meine Mutter starb, zerbrach der Mond. Noch einmal trennte Er, der Herr, das Wasser von dem Land. Es blitzt! Feurige Worte schreibt der gluhende Zickzack auf die finstere Seide des himmlischen Bilderbuchs, ein Menetekel an die Westwand der Welt. Gott rollt durch die Welt! Sein roter Initiale hat mich getroffen, erleuchtete mich und erlosch im Meer.*[72]

Der Tod ist hier wiederum als Geburt gefaßt, als Schöpfungsakt, was zugleich Beginn der Zeitlichkeit und damit Sterben bedeutet. Der zerbrochene Mond und die Verfinsterung der himmlischen Seide assoziieren die Verfinsterung des Himmels und das Zerreißen des Vorhangs im Tempel beim Tode Christi. Diese Anklänge deuten auf den Tod als Anfang des Lebens. Hinzu kommt die Geschichte der Bestrafung des Belsazar, die die Schuld rätselhaft beleuchtende Flammenschrift an der Wand, die nur die Westwand der Welt sein kann, die *Gottosten* entgegengesetzte. Der rote Initial Gottes darf wohl als die Liebe aufgefaßt werden, die die Dichterin am reinsten in der Liebe der Mutter erlebte. Zugleich ist darin auch der Auserwähltheitsanspruch ausgedrückt, da

Einundzwanzigjährig

Else Lasker-Schüler ihre dichterische Sendung von der Mutter ableitete. Unausgesprochene Schuldgefühle sind im Menetekel und im durch die Welt rollenden Gott angedeutet. Auch das Kindliche hat an dieser Bildwelt teil: der Blitz wird als *Zickzack* bezeichnet und die Bibel als *Bilderbuch* gesehen. Daß der rote Initial im Meer versunken ist, hat etwas Tröstliches, da es nach der Auffassung der Dichterin ein Eingeschlossensein in den göttlichen Atem verbürgt. Der Passus zeigt auf exemplarische Weise die schwer aufzulösende Komplexität dieser Bildsprache. Angelesenes und auf Grund ihrer besonderen Disposition Adaptiertes mischt sich mit Erfahrenem und Empfundenem in einer visionären Zeichenwelt, deren Bezüge einander durchdringen und überwuchern.

Die Bedeutung der Mutter für das dichterische Selbstverständnis ist am gesamten Werk Else Lasker-Schülers abzulesen. Am eindringlichsten ist wohl das Bild des Dichters in der Geschichte Abigails des Ersten in *Der Prinz von Theben*. Abigail lebt zwanzig Jahre im Leibe der Mutter und weigert sich, zur Welt zu kommen, und zwar dichtete er *beim Genusse süßen Blutes, wenn seine Mutter verzuckerte Rosen verzehrte*[73]. Daß die Dichterin dieses Gefühl der Geborgenheit und des Geliebtwerdens später auch bei ihren Geliebten immer wieder suchte, zeigt etwa der Schluß des Gedichtes *Chaos* aus *Styx*:

> *. . . Möcht einen Herzallerliebsten haben!*
> *Und mich in seinem Fleisch vergraben.*[74]

Die kreisende Weltfabrik

Berliner Jahre – 1895–1933

Ich fiel ins Haus . . .

Am 15. Januar 1894 heiratete Else Schüler den acht Jahre älteren Arzt Jonathan Berthold Lasker, einen Bruder des Schachweltmeisters Emanuel Lasker. Else Lasker-Schüler hat verschwiegen, was über Vorgeschichte, Beginn und Verlauf dieser Ehe hätte Aufschluß geben können, so daß später der Eindruck entstand, sie habe ihr Elternhaus verlassen und sich in Berlin der Bohème ergeben. Doch verließ sie nicht etwa «den fröhlich-verrückten Vater und die verständnisvoll liebende Mutter»[75], wie Marianne Lienau behauptet, um das Asoziale im Wesen der Dichterin herauszustellen, sondern sie heiratete wie ihre Schwestern ganz offiziell einen bürgerlich akzeptablen Mann. Ihre Mutter war zu der Zeit bereits drei Jahre tot, ihr Vater starb drei Jahre später.

In der Stadtbibliothek Wuppertal befindet sich ein Brief Aron Schülers vom 22. Februar 1894 an seine Tochter Anna, der die Dichterin in den ersten Ehemonaten schildert. Die Laskers wohnten demnach zunächst in Elberfeld, wo auch die Ehe geschlossen worden war. Das Schreiben zeigt, daß Else Lasker-Schüler, deren Armut später geradezu sprichwörtlich wurde, anfangs durchaus Sinn für Besitz und bürgerliche Neigungen hatte. Der Vater unterstützte das junge Ehepaar. Es heißt: «Heute komme ich auf Bitte von Else, die (der?) es unter uns gesagt (sonst wird sie zu stolz) mehr als Gott sei Dank gut geht. Sie ist eine Frau à la seelige lieb seelige Mama sie kocht selbst und der Doctor ist verliebt in die Speisen was Else kocht – sie ist sehr haushälterisch sehr sparsam (geizig) . . . und ganz gewiß bekommt der arme Doctor nicht satt, der ja ohnehin ein Nebbisch ist und verhungert aussieht etc. Für ihre Küche habe ich bis heute gesorgt . . . Bis ins Detail sogar Kartoffeln und Brod alle denkbaren eingemachte deutschen Gemüse alle deutschen eingemachten Früchte kurz sie kommt bis April aus.»[76]
Auch pflegte das junge Paar gesellschaftlichen Verkehr, denn es heißt weiter: «Gestern war sie bei Fröhlich zu Tisch eingeladen, vorher bei Baum und morgen abend bei Goldscheidt.» Und etwas hämisch heißt es später: «Die lieblichen und die so thuende Bekannten unseres Hauses ach die müssen nun gute Miene zum bösen Spiele machen sonst ärgern

Als Braut

sie sich halb kaput. –?» Zur Einrichtung der jungen Eheleute folgt der Kommentar: «Wenn ich die schönen Sachen meiner Möbel ansehen will, dann brauch ich nur zu Else gehen sie hat was nicht ganz nagelfest war an sich genommen (darunter: gegaunert). Sie ist klein aber sehr fein eingerichtet und sie sagt: wenn sie am Fenster sitze, wäre schöner als Theater.»[77] Auch betont der Vater, sie sei «ruhiger häuslicher geworden und ‹Frau Doctor› sei Trumpf».

Aus diesem Dokument geht hervor, daß die junge Else Schüler vor der Ehe unruhig und nicht sehr häuslich war. Sich selbst schildert sie um die Zeit, in der sie Berthold Lasker wahrscheinlich kennenlernte, in einem Brief vom 20. Juni 1893 an ihren späteren Schwager, den Opernsänger Franz Lindwurm-Lindner: *Die Leute nennen mich ein' Luftikus – vielleicht bin ich's auch – ein bischen ausgelassen, – aber dann auch nur für mich.*[78] Die Persönlichkeit Berthold Laskers bleibt merkwürdig kon-

34

turlos. Er wird meistens über andere definiert, als erster Ehemann einer nachmals berühmten Frau, als Bruder eines berühmten Bruders. Fast vierzig Jahre später gibt Else Lasker-Schüler in dem von Elga Kern herausgegebenen Buch «Führende Frauen Europas» die verschlüsselte Erklärung: *Einmal beim Unterricht lag eine Riesenschlange auf dem Boden des Zimmers, darin ich ochsen mußte. Wer sie hingelegt hatte, kam erst nach Jahren heraus. Natürlich handelte es sich um einen Racheakt . . . Seitdem habe ich eine Aversion vor Schleicherei. Darum entschloß ich mich, als ich sechzehn Jahre alt war, eine Marderart zu heiraten, die die Schlangen zu töten pflegt . . . und vor deren Giftzahn diese Spezies gefeit ist.*[79] Hier hatte sie schon ihr «neues» Alter, tatsächlich heiratete sie erst mit 25 Jahren.

*Die Schwester
Anna Lindwurm*

Die Ehepaare Bertholt und Else Lasker und Franz und Anna Lindwurm

Es ist denkbar, daß Else Lasker-Schüler mit Hilfe ihres Ehemannes den häuslichen Bindungen entkommen wollte. Die Mutter war tot, der Vater hatte das Bankgeschäft wahrscheinlich schon weitgehend seinem Sohn Maximilian Moritz übertragen – der älteste Bruder, Alfred Schüler, wurde Maler –, und die beiden älteren Schwestern waren verheiratet. Die Heirat gab ihr auch die Möglichkeit, Elberfeld zu verlassen. Die Ehe war vermutlich eine Vernunftehe. Die ersten Ehejahre in Berlin sind wohl bürgerlich normal verlaufen. Man pflegte Umgang mit der ebenfalls in Berlin lebenden Schwester Anna, die ein Vierteljahr früher Franz Lindwurm-Lindner geheiratet hatte.

Über die Schwierigkeiten, die sich im Zusammenleben des Ehepaares

Lasker entwickelten, können wir nur Vermutungen anstellen. Jürgen P. Wallmann berichtet – der Lebensbeschreibung Astrid Gehlhoff-Claes' folgend –, Berthold Lasker habe seine Frau wie eine Gefangene gehalten, selbst seine nächsten Freunde hätten nicht gewußt, daß er verheiratet war.[80] Das klingt sehr unwahrscheinlich, da die junge Frau mindestens seit 1896 ein eigenes Atelier im Tiergartenviertel hatte, wo sie malte und zeichnete und offenbar auch mit der Kamera experimentierte, wie Lichtbilder aus dieser Zeit zeigen. Auf einem Foto blickt sie, die Hände verschränkt, in die Kamera. Das Haar ist der Mode entsprechend aufgesteckt, sie trägt Rüschenbluse und Rock. Das Bild trägt eine Widmung an die Schwester Anna. Es enthält ferner in einer Notiz von anderer Handschrift den Hinweis, es sei unter erschwerten Bedingungen aufgenommen worden. Ein weiteres Foto zeigt die angehende Künstlerin en face, das Haar ist gelöst, der Kopf leicht gesenkt, so daß sie den Betrachter von unten her anschaut. Dies sollte wohl eine Ausdrucksstudie werden. Die Intimität, das gelöste Haar und die über der Brust verschränkten Hände, lassen vermuten, daß es der Geliebte Else Lasker-Schülers aufgenommen hat. In diesem Atelier besuchten sie auch ihre Schwestern, auf einem Foto ist sie mit ihren Nichten Wormser, den Kindern ihrer Schwester Martha, auf dem Bett sitzend zu sehen.

In der von Margarete Kupper wiederentdeckten Erzählung *Der tote Knabe*, die 1904 in Johannes Holzmanns Zeitschrift «Kampf» veröffentlicht wurde, ist ein Ehepaar geschildert, das miteinander in quälendem Zwiespalt lebt. Die Frau entdeckt katzenhafte Züge, die sie auf unbewältigte Kindheitseindrücke zurückführt, so daß sie immer wieder Mitleid hat. Die Erzählung beginnt mit dem bezeichnenden Satz: *Und seine Lippen sind geformt, als ob sie Blut saugen möchten . . .* Etwas weiter heißt es: *Und als sie verheiratet waren, hatten sie Reue, da sie sich gegenseitig quälen mußten. «Du kannst nicht spielen, ohne weh zu tun», klagte sie, und er höhnte gleichmütig, daß ihn das Katzenartige charakterisiere. «Der Philosoph muß Tatzen haben, um zerreißen zu können.» Da dachte sie an das Glutblau ihres Himmels, den er zerriß und der nie mehr wieder aufblühen würde.*[81] Nach Dieter Bänsch haben Berthold Lasker und sein Bruder Emanuel eine Philosophie entwickelt, die auf eine stete Ethisierung des Lebens gerichtet war. Niedergelegt haben die Brüder diese Lebensauffassung in dem 1922 erschienenen Drama «Vom Menschen die Geschichte»[82]. Emanuel Lasker veröffentlichte 1928 sein kulturpessimistisches Buch «Die Kultur in Gefahr»[83].

In *Der tote Knabe* sagt die Frau, als das Ehepaar Meinungsverschiedenheiten austrägt, die sogar zu Handgreiflichkeiten führen: *«Ich mag deine Philosophie nicht, sie ist ein Schacht, in dem man ersticken muß!»* Ferner heißt es: *Einmal lag sie krank zubett, da kam er ins Zimmer geschlichen, und seine Augen funkelten unheimlich, und als er sah, wie erschrocken sie war, schurrte er, um sie zu belustigen; aber sie entsetzte sich, und in der Nacht bebte sie unter seinen Lippen, denn sie waren kalt wie die Grausamkeit und voller Gelüste.*[84] Wenn man sich auch davor hüten sollte, diese Erzählung mit realen Ereignissen gleichzusetzen, so darf man doch annehmen, daß in dem Reinhold der Erzählung wesentliche Charakterzüge des ersten Ehemannes festgehalten sind. Ferner sind in dieser etwas rührselig psychologisierenden Geschichte die Empfindungen der Autorin während dieser Ehe eingefangen. Sie ist zwar nicht wie eine Gefangene gehalten worden, wohl aber läßt alles darauf schließen, daß sie sich so gefühlt hat. Auch ist anzunehmen, daß Lasker ihre künstlerischen Bestrebungen nicht ernst nahm, vielleicht mit Ironie bedachte, wie folgende Schilderung nahelegt: *Manchmal packte ihn ein eigenartiges Gefühl, sie zu zerren, und dann sprang er, um seinen Trieb auf Umwegen zum Ziel zu führen, über die kleinen Tische und niedlichen Rosenholzstühle ihres Zimmerchens.*[85] Mit dem *Zimmerchen* ist wohl ihr eigener Bereich gemeint, und das Rosenholz, immer wieder im Zusammenhang mit der Mutter auftauchend, steht für ihre künstlerische Arbeit. Die Erfahrungen der ersten Ehe sind im Bilde des gefallenen Kindes verdichtet: *... ich fiel ins Haus und verletzte mir die Knie, die bluten seitdem.*[86]

Es spricht jedoch vieles dafür, daß Berthold Lasker ein loyaler Ehemann war, der noch am Leben seiner Frau Anteil nahm, als sie ihn schon verlassen hatte. Er freute sich mit ihr über ihre ersten Veröffentlichungen, ging mit ihr nach der Geburt ihres Sohnes auf Wohnungssuche und fühlte sich ihren Verwandten weiterhin verbunden, wie aus erhaltenen Postkarten hervorgeht.

Else Lasker-Schüler hat die Identität des Vaters ihres einziges Kindes, Paul (geb. 24. August 1899), zeit ihres Lebens im dunkeln gelassen oder mystifiziert. Viel später, am 19. Mai 1917, schreibt sie an Karl Kraus, der Vater ihres Sohnes sei der Grieche Alkibiades de Rouan. Doch ließ sich dieser Grieche bisher nicht nachweisen, auch spricht der Mischcharakter des Namens für sich. Gottfried Benn gegenüber soll die Dichterin erklärt haben, Pauls Vater sei ein spanischer Prinz. Bei aller scheinbaren Mitteilsamkeit wußte die Schriftstellerin ihren privaten Bereich stets vor Neugier zu schützen. Vielleicht ist sie diesem Mann wirklich auf der Straße begegnet, wie sie erzählt haben soll, vielleicht im Café, vielleicht auch im Atelier des Malers Simon Goldberg, wo sie als junge Frau arbeitete. Vielleicht ist ihr Atelier Schauplatz dieser Liebesgeschichte gewesen.

Dieser Bänsch hat darauf aufmerksam gemacht, daß einige Abschnitte aus dem 1907 erschienenen Werk *Die Nächte Tino von Bagdads*[87] zur Erhellung dieser Zeit im Leben Else Lasker-Schülers herangezogen werden können. An mehreren Stellen ist verheimlichte Liebe das Thema. Die literarische Form ist ähnlich wie bei den «Romanen» Paul Scheerbarts weniger eine fortlaufende erzählerische Einheit, als vielmehr eine lockere Folge von Szenen um eine oder mehrere Hauptgestalten mit eingestreuten Gedichten und Briefen. In dem Kapitel *Mein Liebesbrief* schildert die Schreiberin ihre Gefühle: *Wie der Frühling ist es, verliebt zu sein . . . Immer kommen große Stürme über mein Blut; ich fürchte mich vor ihnen, aber sie überjubeln mich mit tausend blühenden Wundern.* Doch beschwört sie den Geliebten: *Aber die Stunde unseres Glückes*

Else Lasker-Schüler Mitte der neunziger Jahre

muß stumm sein – nicht reden, Abdul . . . Und die Augen geschlossen halten, unsere Liebe selbst darf nichts ahnen, daß sie sich zwischen unsern Lippen verfing.[88] In dem kurzen Kapitel *Tino und Apollydes* heißt es: *Tino von Bagdad hat schon zweiundfünfzig Monde nicht unverschleiert die Erde gesehen, und sie war müde der blinden Blicke und sie verwünschte ihre braunen, langen Haare und alles, was sie von Eva geerbt hatte. An Apollydes schrieb sie, der war ein schöner Griechenknabe.*[89] Folgt man diesen Angaben, ergibt sich die Hypothese, daß Else Lasker-Schüler vier Jahre und vier Monate – zweiundfünfzig Monde – verheiratet war, als sie der unbefriedigenden Ehe müde wurde. Demnach hätte sie den schönen Griechen etwa im Mai 1898 kennengelernt. Ferner ergibt sich die Vermutung, daß die Initiative von ihr ausgegangen ist, denn Tino schrieb an Apollydes. Vielleicht hat der Geliebte sich öfter über

Else Lasker-Schüler 1896 in ihrem Atelier

die Liebe ausgelassen, so daß sie zu diesem Schritt ermutigt wurde, da es heißt: . . . *auf den Plätzen ihrer Stadt pries er die Liebe.*[90]

Eine Zeit der Ungewißheit, des Wartens und Nicht-Wagens ist angedeutet in den Passagen des Abschnitts *Tino und Apollydes sind Zagende und träumen unter der Mondscheibe: Wir sprechen klingende Dinge, aber unsere Lippen bewegen sich kaum, sie sind von heimlicher Farbe, und unsere Augen sind aus Süße zuckender Sommernächte. Wir wissen nicht, in welchem Lande wir sind, heiß ist es, und in der Ferne steigen schwarze Feuer auf, die prangen oben tief in schillernden Rosen. Wir berühren kaum unsere Hände, aber wenn der Blutstropfen hoch steigt in unseren Schläfen, dann drängen sich unsere Lippen zusammen, aber sie küssen sich nicht, sie drohen zu zerbrechen im Wunsch. Nachts liegen wir auf weißen Teppichen und träumen von grausamen Farben – . . . unsere Lippen stehen geöffnet und schmerzen.*[91] Schuldgefühle und Angst vor Klatsch dürfen wahrscheinlich aus den folgenden Sätzen geschlossen werden: *Das Laub in den Gärten summt, und an den Randen der Teiche sitzen seltsame Tiere . . . und nicken immer mit ihren Zungen; wir stehen auf dem gläsernen Turm des Schlosses . . . die Seide unserer Gewänder zittert – wir möchten unsere Hände berühren, unsere Lippen küssen, und unsere Augen sind gespannt wie Gewitteräther.*[92] Daß Berthold Lasker diese Romanze beobachtet und seine Frau wohl mit Eifersucht verfolgt hat, läßt sich aus demselben Abschnitt entnehmen: *Die gläsernen Wände der Säle krampfen sich – wir suchen etwas – zwei kühle Blicke richten sich spitz auf unsere Herzen – Glasdolche sind es . . .*[93] Das Erwachen aus dem Liebestraum ist eingefangen in dem Kapitel *Apollydes und Tino kommen in eine morsche Stadt: Und als wir aufwachten, stand ein großer Finger am Himmel und zeigte, wo wir gehen sollten. Und wir kamen in eine morsche Stadt . . . Und da wir nach ihrem Namen fragten, lachten die greisen Torhüterinnen, und der elefantenhäutige Stadtpfeifer . . . schnitt dazu spaßige Geistergrimassen . . . Aber die Mädchen der morschen Stadt . . . tanzen alle denselben unermüdlichen Tanz in staubfälligen Tüchern.*[94] Das Ende der Liebe ist wie folgt geschildert: *Da begannen meine Augen zu singen, lauter goldene Tränen . . . indes wir uns küßten. Amri Mbillre wandelte dem Monde nach; wie die schlafenden Pfade des Gartens schwebten seine Füße um das Seidenbeet unserer Liebe. Ich warnte Apollydens geöffnete Lippen – aber schon haben sie ihn angerufen. An eine Säule . . . bindete der König den Griechenknaben und schwelgte in seinem blühenden Schmerz . . . auf den Plätzen meiner Heimat, wo der schöne Griechenknabe die Liebe pries, versammeln sich die Sterndeuter, aber niemand weiß, wo er geblieben ist, die namenlose morsche Stadt kann keiner nennen; ich habe den Sand des Weges dorthin verstreut mit meinem bangen Atem . . .*[95]

Diese Ereignisse lassen sich auch an dem *Styx*-Gedicht *Elegie* ablesen. Die erste Strophe lautet:

> *Du warst mein Hyazinthentraum,*
> *Bist heute noch mein süßestes Sehnen,*
> *Aber mein Wünschen zittert durch Thränen,*
> *Und meine Hoffnung klagt vom Trauereschenbaum.*[96]

Die Präsens-Aussagen sind durch Tränen und Klage bestimmt. Die dritte Strophe weist wieder auf den Zeitraum:

> *Zwei Sommer hielten wir uns schwer umfangen,*
> *Ich tauchte in den goldenen Strudel deiner Schelmenlaunen,*
> *Bis aus den späten Nächten unsere Sterbeglocken klangen.*

An Stelle der beiden spitzen Glasdolche der *Tino*-Erzählung tauchen hier am Ende der vierten Strophe zwei *böse Sterne* auf:

Die Schwester Martha Wormser-Schüler   *Der Bruder Alfred Schüler*

*Zwei böse Sterne fielen in derselben Nacht
Und wir erblindeten in ihrem Stechen.*

Wir können nur vermuten, was für *grausige Sagen* aus diesen Leiden und inneren Kämpfen *aufsprangen*, was für *Plagen* die junge Frau *erdrosselten*, was für *reißende Hasse die Haine* dieser *jung gestorbenen Liebe* verheerten, wie es in dem Gedicht weiter heißt. Else Lasker-Schüler hat nicht den Weg zurück in die Ehe gewählt, sie ist in die Freiheit ihrer Paläste und Gesichte gegangen. Sie hat diese Erfahrung allein durchgestanden und keine Hilfe in Anspruch genommen.

An deutschen Universitätskliniken gab es für unverheiratete Mütter die Möglichkeit, einige Wochen vor der Entbindung als Küchen- oder Stationshilfe zu arbeiten und dafür kostenlos in Gegenwart von Medizinstudenten entbunden zu werden. Wir wissen nicht, ob Else Lasker-Schüler für die Geburt ihres Sohnes in der Königlichen Frauenklinik in der Artilleriestraße zu Berlin gearbeitet hat, doch scheint die Geburt Paul Lasker-Schülers eine Demonstrationsgeburt gewesen zu sein. In der Staatsbibliothek Wuppertal wird eine Postkarte aufbewahrt, die die junge Mutter am Tag der Entbindung an ihre Schwester Anna geschrieben hat. Sie enthält nur die Worte: *Liebste Anna!* Auf der anderen Seite steht: *Adresse schrieb ich schon zu Hause, Monde vorher, Königliche Frauenklinik Arteleriestr. Berlin.* Ein an diese Postkarte geheftetes Zettelchen enthält den von der Nichte Edda Lindwurm-Lindner handgeschriebenen Text: «In dieser Klinik kam Paulchen am 24. 8. 99 auf die Welt. Sie erzählte mir immer, daß auch Studenten bei ihrer Entbindung dabei waren – Wie arm war sie und doch zu stolz, von den Verwandten Geld anzunehmen.»[97] Wahrscheinlich in Erinnerung an diese Erfahrung schreibt Else-Lasker-Schüler um 1910 an den englischen Germanisten

Ausdrucksstudie

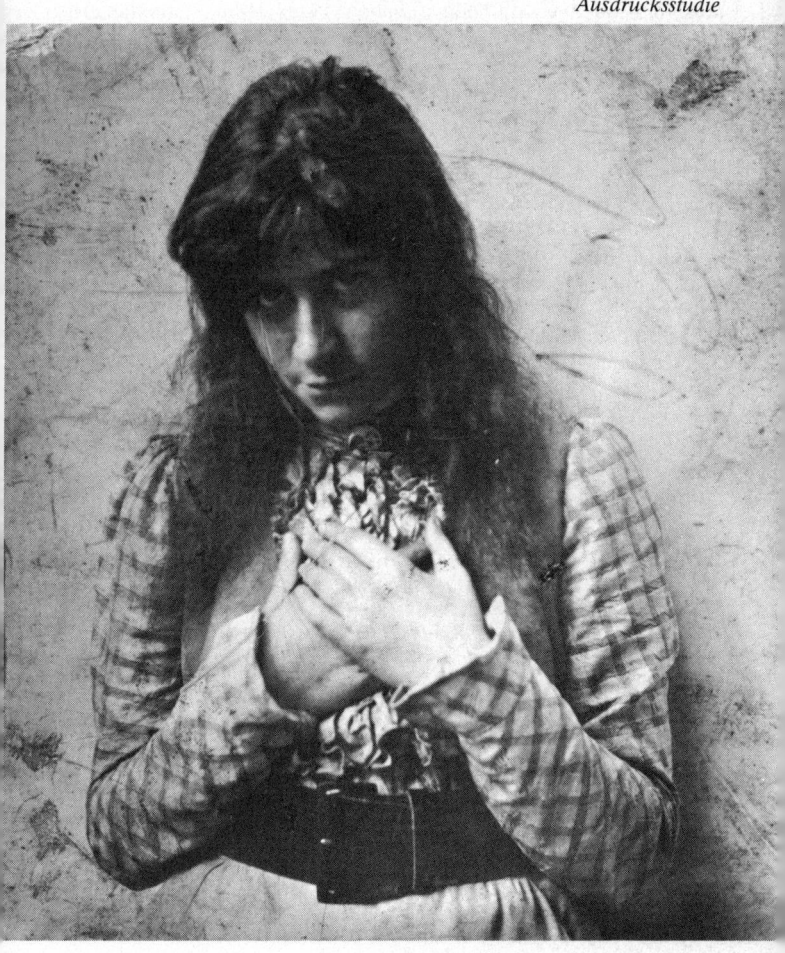

und Übersetzer Jethro Bithell, der 1909 eine Anthologie deutscher Lyrik herausgegeben hatte: . . . *vielleicht liege ich mal unter 20 Portiersfrauen im Krankenhaus wie schon einmal.*[98]

In dieses ereignisreiche Jahr fallen auch die ersten Gedichtveröffentlichungen Else Lasker-Schülers. In der von Ludwig Jacobowsky redigierten Zeitschrift «Die Gesellschaft» erschienen im zweiten August-Heft die Gedichte: *Vorahnung, Ahnung*[99], *Verwelkte Myrten* und *Sinnenrausch.*

Petrus, der Felsen

In den späten neunziger Jahren hat Else Lasker-Schüler in Berlin den aus Westfalen stammenden Dichter Peter Hille kennengelernt. Der fünfzehn Jahre ältere Freund war mit den Brüdern Heinrich und Julius Hart zur Schule gegangen und führte nach anfänglichen Versuchen als Journalist und Theatermann ein unstetes Vagabundenleben. Er schrieb Gedichte, Aphorismen und Dramen, in Hefte, auf Tüten, Servietten und Briefumschläge, die er kreuz und quer beschriftete. Er durchwanderte Holland, England, die Schweiz und Italien und galt eine Zeitlang als verschollen. Seit etwa 1891 lebte er vorwiegend in Berlin, zeitweilig bei dem ebenfalls aus Wuppertal stammenden Schriftsteller Peter Baum, zeitweilig im Heim der Künstlergemeinde «Neue Gemeinschaft»[100], die in den neunziger Jahren von den Brüdern Hart gegründet wurde und teils von neuromantischem, teils von vitalistischem Gedankengut beeinflußt war.

Nach einem Zusammenbruch auf einer Bank des Bahnhofs Zehlendorf starb der nicht ganz Fünfzigjährige am 7. Mai 1904 im Krankenhaus Lichterfelde. Else Lasker-Schüler hat den Freund, der ihr Selbstverständnis als Künstlerin grundlegend bestimmte, nach diesem frühen Tod mythisiert. In ihrem 1906 erschienenen *Peter Hille-Buch* macht sie ihn zum Propheten, zum Standbild, zu Petrus, dem Felsen. Im ersten Kapitel schildert die Ich-Erzählerin: *Ich war aus der Stadt geflohen und sank erschöpft vor einem Felsen nieder und rastete einen Tropfen Leben lang, der war tiefer als tausend Jahre. Und eine Stimme riß sich vom Gipfel des Felsens los und rief: «Was geizst du mit dir!» Und ich schlug mein Auge empor und blühte auf, und mich herzte ein Glück, das mich auserlas. Und vom Gestein zur Erde stieg ein Mann mit hartem Bart- und Haupthaar, aber seine Augen waren samtne Hügel . . . und der Mann . . . fragte mich, von wo ich käme – aber ich schwieg; die Nacht hatte meine Wege ausgelöscht, auch konnte ich mich nicht auf meinen Namen besinnen, heulende, hungrige Norde hatten ihn zerrissen. Und der mit dem Felsennamen nannte mich Tino. Und ich küßte den Glanz seiner gemeißelten Hand und ging ihm zur Seite.*[101]

In dieser Einleitung ist ruckerinnernd der Bruch mit der bürgerlichen Existenz verbildlicht, mythisch überhöht durch die Erhebung des Freundes zum Felsen, auf dem das Gebäude dieses dichterischen Werkes ruht. Verbunden ist die Erklärung dieses Bruchs wiederum mit dem Motiv des

Auserwähltseins. Die junge Dichterin fand *ein Glück*, das sie *auserlas*. Peter Hille wies ihr den Weg, gab ihr einen neuen Namen, der bürgerliche Name ist *ausgelöscht*, vergessen, *zerrissen*. Zugleich ist in dem *Tropfen Leben . . . tiefer als tausend Jahre* das Heraustreten aus der normalen Zeit angedeutet. Dieses eigenartige literarische Gebilde mit seiner mythisierenden Erzählweise und seinem altertümelnden Sprachgestus ist ein typisches Zeitdokument, gleicherweise um Enthüllung wie um Verschleierung bemüht. Peter Hille hatte Kontakt zu so unterschiedlichen Persönlichkeiten wie den Brüdern Hart, Gustav Landauer, Johannes Schlaf, Gerhart Hauptmann, Detlev von Liliencron und Richard Dehmel und war umgeben von jungen Literaten und Musikern, den *Jünglingen*, von Schriftstellerinnen und Schauspielerinnen.

Einige der Gestalten dieses Buches lassen sich relativ einfach erschließen. Else Lasker-Schüler hat ihren Sohn in der ersten Zeit manchmal in der Obhut ihrer Schwester Anna gelassen. Im zweiten der Kapitel *Petrus und ich auf der Wanderung* heißt es: *Vor einem Häuschen bei der Stadt wollte ich mich von Petrus . . . trennen – dort wohnte meine Schwester. Aber er trat durch das Zauntor in den Garten. Und es kamen uns zwei niedliche Mädchen entgegen – das Bübchen in ihrer Mitte . . . war mein Bübchen. Und Petrus fragte die beiden Mädchen, wie sie hießen. «Sage und Haidekraut».*[102] Die Namen der beiden Lindwurm-Töchter, Edda und Erika, entsprechen so recht der Troll- und Schrat-Atmosphäre des Buches. Die Sorge der Geschwister um den neuen Weg der jungen Frau spricht aus der Reaktion der Schwester: . . . *meine Schwester . . . war sehr nachdenklich . . . und sie erfaßte sorgenvoll meine Hände: «willst Du nicht bei uns bleiben?» . . . meine Schwester senkte betrübt den Kopf; ich riß mich los . . . und ging dem Herrlichen nach.*[103]

Im letzten Abschnitt der Studie über Peter Hille, die 1913 im ersten Essayband Else Lasker-Schülers erschien, enthüllt die Autorin die Identität Onit von Wetterwehes; es handelt sich um Gerhart Hauptmann, denn hier ist die gleiche Szene geschildert wie im dritten Kapitel des *Peter Hille-Buches* mit der Überschrift *Petrus und ich auf der Wanderung*[104]. Im *Peter Hille-Buch* sagt Petrus zu Onit von Wetterwehe: – *gefunden habe ich sie – irgend ein fremder, gebräunter Stern hat sie wohl aus der Hand fallen lassen.*[105] Im Essay sagt Hille zu Gerhart Hauptmann: *Dies ist mein Kamerad, Tino nenne ich sie. Es ist der Name ihres Blutes, die grünrote Ausstrahlung ihrer Seele.*[106] In beiden Fällen stellt Hille die junge Freundin als Dichterin vor, jeweils mit dem Hinweis auf ihr Judentum, wie die Adjektive *fremd* und *gebräunt* für ihren Heimatstern im Buch und der Hinweis auf ihr Blut im Essay zeigen. Hille, dessen erste Charakterisierung Else Lasker-Schülers jede spätere beeinflußt hat, brachte ja gleich zu Anfang ihr Dichtertum mit ihrem Judentum in Zusammenhang. Daß sie im Essay *Peter Hille* auch als Dichterin vorgestellt wird, zeigt der von Hille gegebene Dichtername Tino, mit dem sich die Dichterin zugleich auf geheime Weise mit Gerhart Hauptmann verband durch die Umkehrung des eigenen Dichternamens Tino zu Onit.

Die im Hause Onit von Wetterwehes auftauchenden drei schönen Ge-

Frau Lion

Mitglie...

Frau ...
Frau Loeser

Albert
Brückner
u. Frau

Tante u. Michael
Frau Holländer

Mitglieder der «Neuen Gemeinschaft» feiern ein «Frühlingsfest»
(Else Lasker-Schüler: dritte von links)

Zeichnung
Else Lasker-Schülers
zu «Tino»

schwister: *. . . die waren groß und schlank, und Petrus nannte den schönsten der beiden Jünglinge Antinous und den anderen Grimmer von Geyerbogen, und Najade hieß der Brüder blauäugige Schwester*[107] sind in dem Essay *St. Peter Hille* aus dem Band *Konzert* als die drei liebreichen Geschwister kenntlich gemacht, die Peter Hille im *letzten Jahre seines Lebens . . . in ihr weites Haus holten, der Dichter Peter Baum, seine Schwester Julia, die Malerin, und beider Bruder Grimmer*[108]. In diesem Essay schildert die Sechzigerin auch ihre damalige Situation: *Ich war damals, als ich Peter Hille kennenlernte . . . noch ganz klein, himmelblau, er . . . nannte mich: Tino, das kleine Mädchen mit den Knabenaugen. Daß ich schon mal verheiratet gewesen war, ja, wer dachte daran, sich auch nur danach umzusehen. Ich trug einen Kittel, schwärmte viel, namentlich den Dichter Peter Baum an, der mit begeisterter Liebe Peter Hilles Hohes Lied: «Brautseele» vorzutragen pflegte.*[109]

Auf dem Anfang dieses Jahrhunderts aufgenommenen Foto «Mitglieder der ‹Neuen Gemeinschaft› feiern ‹Frühlingsfest›» ist *Tino*, die dritte von links, bis auf eine Figur im Hintergrund die einzige, die nicht der Kamera zugewandt ist. Sie blickt auf ihr Idol Peter Hille, der rechts zwischen der Schauspielerin Helene Sarner und Lotte Hart, der Tochter Heinrich Harts, steht. Sie trägt ein lockeres Gewand, eine Art Reformkleid, ihren *Kittel*, und hat das Haar nicht aufgesteckt.

Wolfgang Springmann vertritt die Ansicht, daß Peter Baum in Else Lasker-Schüler verliebt gewesen sei. Er sieht in der Marga[110] aus der Erzählung «Spuk» von Peter Baum ein Porträt Else Lasker-Schülers zu jener Zeit. In der Tat legt die Schilderung dieser Figur die Vermutung nahe, daß Else Lasker-Schüler als Vorbild gedient hat, obgleich diese es später gegenüber Jethro Bithell nicht wahrhaben wollte.[111] Marga ist eine jüdische Künstlerin, Sängerin und Komponistin, von exotischem Aussehen. Von ihren Augen heißt es: «. . . groß im bleichen Gesicht – flackernde Traumbegierden, die um sich fressen.»[112] Und ihre Bewegungen werden wie folgt geschildert: «Ihr Rhythmus hatte etwas eckig Weiches, unbekannten Mächten Geweihtes.»[113] Auch ist von «der wilden Phantasie unter ihrer bleich-braunen Knabenstirn»[114] die Rede. Auf das Morgenländisch-Exotische weisen die Sätze: «Sie hatte etwas von einer Wilden . . . sie paßt nur nicht hier in die Umgebung. Als die Geliebte eines Kalifen wäre sie wundervoll.» Wie eine Beschreibung der Illustration Else Lasker-Schülers zu *Die Nächte Tino von Bagdads* wirken diese Sätze: «Sie hob sich empor und tanzte. Die goldenen Ringe und Span-

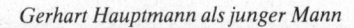

Gerhart Hauptmann als junger Mann

gen flammten um die Knöchel ihrer braunen Füße und die gleitenden Arme.»[115]

Ganz anders erscheint das Bild der jungen Autorin in Gerhart Hauptmanns Roman «Der Narr in Christo Emanuel Quint», in dem sie in der Begleiterin des Dichters Peter Hullenkamp, Annette von Rhyn, zu erkennen ist: «Ihr gegenüber saß, neben einem nicht sehr großen, einem russischen Bauern ähnelnden Menschen, ein junges Weib, das immer wieder schmachtend und abhängig nach den kleinen, unter Bart-, Haupt- und Wimpernhaar fast verborgenen . . . Schweinsäuglein ihres Nachbars hinblickte. Dieser Nachbar, der ein fast immer subsistenz- und obdachloser Dichter war, zog zuweilen ein Blättchen heraus, auf das er mit Bleistift Notizen machte . . . Peter Hullenkamp, mit . . . dem langen kaftanartigen Paletot, den er . . . direkt auf dem Hemde trug, war eigentlich eine Apostelgestalt . . . In Wirklichkeit war er ein zeitfremder Mensch, hinter dessen steiler, gewaltiger Stirn sich eine ferne Zukunft und eine ferne Vergangenheit in ein ewig gärendes Märchen zusammenbildete. Auch Annette von Rhyn, die überall neben ihm herlief . . . war vollkommen durch ihn und er durch sie in dieses brodelnde Märchen eingeschlossen. Sie nannte ihn abwechselnd einen König von Tabropane, einen Kaiser der sieben schwimmenden Silberinseln, einen Aufseher der hängenden Gärten der Semiramis . . . die nächsten vier Wochen lang war er ihr Harun al Raschid . . . und sie lebte mit ihm . . . an den mit Früchten, Gewürzen und Getränken überlasteten Tischen in den Palästen . . . ihrer Einbildung.»[116]

Das *Peter Hille-Buch* darf als ein Versuch gelten, die Poesie des neuen Menschen zu realisieren, die Julius Hart in Auseinandersetzung mit dem Naturalismus in den neunziger Jahren theoretisch zu formulieren suchte. Der neue Mensch ist für ihn ein anderer «als der Elternmensch kraft unseres veränderten Erkennens und Wissens von der Natur und dem Menschen. Denn was bedeutet das Wort ‹modern› im edelsten Sinne anders als ‹Kulturhöhe›. als das Faustische Ringen nach dem Besitz alles Wissens . . . und das tiefe, heilige Fühlen dieses Wissens»[117]. Am Naturalismus, für den er zuvor mit seinem Bruder in den «kritischen Waffengängen»[118] eingetreten war, bemängelt er nun, daß dieser sich in der neuen Welt noch nicht heimisch fühle. «Er studiert sich selbst und das Außen des Lebens, er seciert, analysiert und reflektiert; doch herausgehoben aus dem Alten und Gewohnten, in dem Neuen noch nicht eingerichtet, zum Kampf gezwungen gegen die Kinder der Vergangenheitswelt, ohne daß er schon klar weiß, wohin er selbst treibt, ‹aus dem Mittelpunkt› gebracht trägt er eine verstimmte Seele in seiner Brust und starrt mit verdrießlichem Pessimismus über die Dinge dahin.»[119] Von dieser literarischen Richtung setzt Hart die Dichtung des neuen Menschen ab: «. . . die Dichtung der Vollendung aber trägt diese neue Welt in sich. Das Wissen ward zu einem sicheren Fühlen und Glauben, zu einem Ideal und zu einer Religion . . . Diese Dichtung glaubt an sich und an ihre Welt . . . Das Glück aber, das ihr zu teil geworden, möchte sie aller Welt verkündigen und so erhebt sie sich zur Idealgestaltung des neuen Menschen; unter ihr bleibt der Dunst und Dampf der Alltäglichkeiten, das Gemeine und Brutale . . . Sie aber nahm ‹den Aufschwung zu den höheren Sphären› und verkündet von oben herab, was uns alle reiner, besser und edler . . . macht . . . und die Tragik des Lebens unter unsere Füße bringt.»[120]

Besondere Hoffnungen setzte Julius Hart in das heraufkommende Jahrhundert, dessen neue Menschen er in «Zukunftsland» noch einmal umriß: «Ewig Dieselben, ewig anders, nie geboren und unsterblich, – in ewigen Verwandlungen, stets neugestaltet, schreiten wir durch alle Räume und Zeiten, durch ewig neue und andere Welten dahin, – zugleich unser Schöpfer und unser Geschöpf.»[121] Theoreme wie diese könnten geradezu für Else Lasker-Schüler geschrieben sein. So bemüht sie sich im *Peter Hille-Buch*, die Freudesrunde zu Idealgestalten zu stilisieren. Dabei überwiegt, dem Stile der Zeit entsprechend, das Deutsch-Germanische. Man lebt in der Natur, feiert weihevoll ihren Wandel, wobei die

Peter Hille. Gemälde von Lovis Corinth

Freunde zu mythischen Gestalten oder zu Sagen- und Märchenwesen werden. Es kann keine Rede davon sein, daß das Glück dieser Gemeinschaft «die Tragik des Lebens» unter die Füße der Mitglieder gezwungen hätte. Der «Aufschwung zu den höheren Sphären» stand für die meisten in nur allzu deutlichem Widerspruch zur materiellen Realität, die etwa im Kapitel *Petrus in der Höhle* im Sinne der romantischen Räuberrunde hinwegstilisiert wird.

Die Lebenslegende ist im *Peter Hille-Buch* keimhaft angelegt. So taucht die Dichterin hier schon als *Knabe* auf. In der vierten Episode unter der Überschrift *Petrus und ich auf den Bergen heißt es: In der Stadt ging die Kunde, Petrus sei mit dem Knaben (sie nannten mich also) in der Nacht oben auf den Bergen vom Blitz erschlagen worden.*[122] In *Petrus und die Jerusalemiter* ist die Weihung zur jüdischen Dichterin beschrieben: *Einige Tage nach dem großen Wotanfeste besuchten uns Ben Ali Brom und die andern Jerusalemiter; sie waren wieder in ihrer Heimat gewesen und brachten Petrus und mir Geschenke, Feierkleider und seidene Tücher, geschnitzte Kästchen und Schmuck aus Zedernholz und verzukkerte rote Rosen und andere Näschereien. Und barfuß kamen sie, wie zur Pilgerfahrt . . . Aber der jüngste der Fremdlinge setzte mir seinen Turban auf, und eine Trauer kam über mein Leben, wie die Schwermutwolke über den Goldhimmel, und meine Hände sehnten sich, mit Sternen zu spielen. «Sieh, Deiner Freundin Augen stehen gen Osten», riefen die Jerusalemiter.*[123]

Eine nordische-märchenhafte Version des Auserwähltsein-Prinzips mit Zügen der Josephs-Legende enthält die Geschichte des Kapitels *Petrus legt einen Bauernsohn in die Erde zurück.* In ihm begegnet den beiden Wanderern ein Bauer mit sechs Söhnen, derben, fluchenden *Pflügetieren,* der von dem Bärtigen vermutet: *Det is eener von de Apostels.* Und er erhofft von diesem Antwort auf die Frage, *wo der siebente von de sechse herumflaniere. Sin Kopp nämlich hat er immer vor sich jehabt, det hat er von Muttern jeerbt . . . ihre Arbeit ging immer so sachteken weg. Vorichte Nacht is se vor men Bette jeschlichen . . . wie ne Heilje hat se jegickt und jeseggt hettse: «Justav is dot».*[124] Gemeinsam sucht man den Knaben und findet ihn tot zwischen Garben. Und Petrus spricht zu den Brüdern: *«Euer Bruder war ein Dichter.»*

Auch die Mutter mit ihrer südlich-morgenländischen Abkunft taucht hier auf. Peter Hille, der längere Zeit in Italien war, wird seiner Freundin von Venedig erzählt haben, und sie fand in dieser Stadt den Rahmen für das Bild der Mutter. Das sechste Kapitel mit dem Titel *Petrus und ich auf den Bergen* beginnt mit der Schilderung solcher Erzählungen: *Am liebsten hörte ich von der Lagunenstadt, der Lieblingsstadt meiner Mutter. Schon ihre Vorfahren mit dem Zeichen Davids waren die Gäste der Dogen gewesen. «Manchmal dünkt es mich», sagte Petrus, «Du hast dieselben Augen meines tiefsten Traumes.» Auf seinem Herzen stand er geschrieben mit den Sternenlettern meiner Mutter, und die Gondoliere erzählen ihn heute noch den fremden Fahrgästen, wenn sie am St. Markusplatz vorbeigondeln. Vor seinem Dome steht St. Marco. Die golddurchäderte Marmorpalme zu seinen Füßen entfiel seiner Hand, als er aus seiner Nische trat und die fremde Signora segnete . . .*[125] Die Sanktionierung dieses Mythos geschieht wiederum durch den Freund, der sagt: *«Und die Sterne haben es sich am Abend erzählt . . . per omnia saecula saeculorum.»* Und gleich darauf wächst er aus der Leiblichkeit heraus und wird zum furchteinflößenden Standbild: *Und sein Blick versank in Tausendtiefen. Harte Falten umhüllten seinen Leib, und er war nur Gestalt und kein Körper mehr . . . Und ich fürchtete mich; er war ein Zauberer, und ich stürzte die Berge herab, mir voraus mein Herz, über die Wiesen und Hecken, und ein Turm war mein Kopf; ich konnte mich nicht wiederfinden . . .*[126] In dieser Verbildlichung der Emanzipation vom frühen Mentor Hille erscheint in der Prosa zum erstenmal das Motiv der Ich-Spaltung, verbunden mit den beiden weiteren Zentralmotiven des Turmes und des aus der Brust genommenen Herzens, Ich und Ich hier als Auseinandertreten von Herz und Kopf.

Weiter heißt es: *Es war im Spätfrühmonat 1903, als mich die Furcht vom Erdältesten vertrieb.* Man darf also annehmen, daß Else Lasker-Schüler sich Ende März 1903 von Peter Hille getrennt hat. Um diese Zeit betrieb sie ihre Scheidung von Berthold Lasker.

Die Geschehnisse des Buches umfassen einen Zeitraum von etwa zwei bis drei Jahren, wie an der Beschreibung des Wechsels der Jahreszeiten ablesbar ist. Daß die Mitglieder der «Neuen Gemeinschaft» nicht immer so ideal miteinander umgingen, wie man es auf Grund der theoretischen Formulierungen erwarten könnte, geht aus den erhaltenen Briefen hervor. Die Atmosphäre der Gruppe wurde mehr als einmal durch Mißverständnisse und Eifersüchteleien gestört. Schon im Klub der «Kommenden» hatte es Auseinandersetzungen um Else Lasker-Schüler gegeben, wie aus dem Briefwechsel mit Ludwig Jacobowsky zu entnehmen ist. So gehörten Ohrfeigen-Affären immer wieder zu ihrem Lebensweg. Wenn sie auch auf der einen Seite *jede Tiefe, wie tief sie auch verirrt ist, wieder sorgsam hervorholen möchte*, so hatte sie doch andererseits *rasende Kraft im Zorn.* So gab es bei einer der Auseinandersetzungen mit einer der Damen des Kreises *nur eins – schon darum weil ich Jüdin bin – meine Stärke zu zeigen – ich glaube, ich habe ihr bei der Ohrfeige gut zugeredet* [127]. Und *Die, da geboren wurde, um zu leiden, wie die Gleichfließende* ihren Freunden am 23. August 1900 schreibt, kennzeichnet ihren widersprüchlichen Charakter in einem Brief vom 23. Mai 1901 an Julius Hart: *Ich weiß nicht daß meine Hände so verschiedene Dinge tragen, in der rechten halte ich Sonnenblumen in der linken eine Peitsche; meine Bestimmung ist sicherlich Liebe zu geben, aber meine linke muß so oft und so ungeschickt peitschen.* [128] Im *Peter Hille-Buch* fand diese Affäre in dem Kapitel *Petrus erprobt meine Leidenschaft* ihren Niederschlag. Die angeführte Gegensätzlichkeit zeigt sich in der Passage: *Ich lauschte andächtig, denn Petrus' Worte klangen wie eine Feier. Und den Kranz aus roten Rosen legte er um meinen Arm . . . Und einen Dolch steckte er in meinen Gürtel – . . . Aber als ich durch das goldene Tor . . . kam, schwollen mir süßliche Eitelkeiten entgegen . . . Und als ich zu Petrus zurückkehrte, brannte mein Leib, und er zog den Dolch aus meinem Gürtel, der blutete.* [129]

Wie die Familie über die junge Dichterin dachte, geht aus folgenden Stellen des Buches hervor: *Und wir bemerkten eine Schar Müßiggänger kommen . . . und ich erkannte unter ihnen Jene, die sich dünkten, mit mir verwandt zu sein, und sie baten mich, ihnen meinen Sohn zu zeigen . . . Und da ich mich . . . weigerte, wurden sie jähzornig und bewarfen meine Scham.* [130] Es scheint sich hier um in Berlin lebende Mitglieder der Familie Sonnemann und den Bruder Maximilian Moritz gehandelt zu haben, denn in dem Aufsatz: *St. Peter Hille* findet sich der Hinweis: *Es tröstet mich, da es mein Bruder Moritz Maximilian war, der erschüttert*

Um 1909/10

Elses Bruder Moritz mit dem kleinen Paul Lasker-Schüler

von der überirdischen Erscheinung die Freuden der Großstadt opferte, umherirrte, in der Hoffnung, Peter Hille noch einmal zu sehen.[131] Dieser scheint auch auf den Bruder Moritz nachhaltigen Eindruck gemacht zu haben, bezeugt die Freundin doch noch mehr als zwanzig Jahre später: *Der Wunder größtes, das allein schon die Anwesenheit des auserwählten Menschen vollbrachte: «Frieden» – kam der Umgebung kaum zu Bewußtsein . . . wohin sein Herz sich wandte, ordneten sich Unebenheiten. Sein Erscheinen schloß Versöhnung in sich.*[132]

Das Verhältnis Else Lasker-Schülers zu ihren beiden ältesten Brüdern scheint nicht besonders herzlich gewesen zu sein, während die Verbindung zu ihren Schwestern und deren Familien auch in den Jahren der Emigration nie abriß. Das mochte zum Teil an dem Altersunterschied und an der Tatsache liegen, daß die Brüder später ein Internat besuchten und selten zu Hause waren, zum Teil ist es aber wohl auch auf die Mißbilligung ihres Lebenswandels in diesen Jahren zurückzuführen. Auch über den Onkel Leopold Sonnemann äußert sie kurz nach dessen Tod 1909 in einem Brief an Jethro Bithell: . . . – *ich tat nicht nach seinem Willen und er schämte sich meiner.*[133]

Die Begegnung mit Peter Hille und seinem Kreis vermittelte Else Lasker-Schüler das Selbstvertrauen als Künstlerin, das ihr die Kraft gab, ihre bürgerliche Anfänge ganz hinter sich zu lassen. Die Gedichte ihres 1902 erschienenen ersten Bandes *Styx* bekennen sich zu ihren Liebes- wie zu ihren Leiderfahrungen. Im *Peter Hille-Buch* enthält das Bild des *Propheten* daher eine ganze Palette von Nuancen. Er ist nicht nur Petrus, der Felsen, das Standbild, der Prophet und Rufer, sondern auch Poseidon, Satan, Noah, Schöpfer, Wolkenmann, Totengräber, Baldur, Wotan, Zauberer. In den späteren Essays bekommt diese Persönlichkeit immer mehr Facetten, fächert sich auf wie durch das kleine Guckloch des *glitzernden Ostereis* gesehen, das Else Lasker-Schüler in den Stuben der Mieter ihres Vaters bewunderte, durch das man ins *Feenreich* schauen kann. Hier ist er auch Gestirn – Meteor stieß er von sich –, Urkind, Inder (Buddha), Welt, Majestät, der Gebenedeite, dichtender Prophet, Elementarmensch, Diplomat, Papst, Geist, Bacchus, Gewissen, Ritter, Baal – so nannte er sich selbst – und Wunder. Und das Fazit ist sein Name: *Er heißt, wie die Welt heißt*, später gedeutet als *Ewigkeit*[134].

Er selbst sah sich freilich genauer. In seiner Selbstcharakterisierung beleuchtete er die gesellschaftliche Situation des Schriftstellers in seiner Zeit an Hand der Reflexion eines Kollegen aus dem 19. Jahrhundert über seine ökonomische Situation. Er benutzte eine Zeile aus Hölderlins «An die Parzen» zur Charakterisierung seiner selbst: «Peter Hille, Feuer hinter Schloß und Riegel. Inneres Schicksal verdunkelt, äußeres sperrt's ein, und so zappelt sich ab dies Meerwunder der Erfolglosigkeit bis an sein kühles Grab. Die Seele, der im Leben ihr göttlich Recht nicht ward.»[135]

Durch die Mythisierung Peter Hilles hat Else Lasker-Schüler ihr *Dichttum* in einer Gestalt zusammengefaßt, die alles umschließt: Himmel, Erde, Unterwelt – da auch Satan eine der Inkarnationen des Freundes ist, wenn auch eingeschlossen in den Schöpfungsbogen wie im späten Schauspiel *Ichundich* – ferner dem Stile der freireligiösen Neuen Gemeinschaft entsprechend Christentum, Judentum und Buddhismus, nordischen und antiken Mythos sowie positive und negative Züge. Es handelt sich um eine Gestalt ohne feste Kontur, ohne Realitätscharakter, um eine Gestalt von umfassenderer Wahrheit.

. . . da war ich plötzlich ganz klein . . .

Nach ihren eigenen Angaben hatte Else Lasker-Schüler schon mit fünf Jahren die Kleidertäschchen immer voller Papierschnitzel mit aufgekritzelten Dichtungen. Die Gedichte ihres ersten Bandes *Styx*, der 1902 bei

Axel Juncker in Berlin herauskam, will sie im Alter von fünfzehn bis siebzehn Jahren geschrieben haben. Wir dürfen jedoch in diesen Angaben schon den Versuch sehen, sich aus der Zeit «auszuschneiden». Zunächst verlegte Else Lasker-Schüler ihr Geburtsjahr von 1869 auf 1876. Rechnet man diese sieben Jahre zu den angegebenen hinzu, ergäbe sich eine Entstehungszeit im Alter von zweiundzwanzig bis vierundzwanzig Jahren, also noch vor der ersten Ehe. Da manche Gedichte wie *Karma*, das sie später mit *Scheidung* überschrieb, oder *Die schwarze Bhowaneh* Erlebnisse der Ehe oder des Peter Hille-Kreises reflektieren, ist anzunehmen, daß Else Lasker-Schüler auch hier vordatiert hat. Die naheliegendste Vermutung für diese Altersverschiebung ist, daß die junge Frau damit den Altersunterschied von mehr als neun Jahren zwischen sich und ihrem zweiten Mann, dem Komponisten Georg Levin, auszugleichen versucht hat. Georg Levin, den die Freundin Herwarth Walden nannte – unter diesem Namen wurde er als Komponist, Schriftsteller und Förderer der neuen Kunst berühmt –, gehörte zum Freundeskreis um Peter Hille und die Neue Gemeinschaft. Im *Peter Hille-Buch* erscheint er als *Goldwarth, «der unbändige der Musikanten»*[136]. Doch hat Else Lasker-Schüler bei der Trauung am 30. November 1903 in Berlin – am 11. April des Jahres war die Ehe mit Lasker geschieden worden – ihr korrektes Geburtsdatum angegeben. Auch blieb es nicht bei der Altersangabe 1876. Degeners «Wer ist's?» aus dem Jahre 1922 enthält nach Wolfgang Springmann das völlig falsche Datum 12. März 1881.[137] Und bei Jürgen P. Wallmann ist ein Leumundszeugnis der Stadt Zürich abgebildet, das sich die Siebzigjährige 1939 ausstellen ließ.[138] Auf diesem steht 1891 als Geburtsjahr. Nun mag zwar weibliche Eitelkeit bei diesen Versuchen, sich der Zeitlichkeit zu entziehen, eine gewisse Rolle gespielt haben, doch ist auch hier wieder der Wunsch nach Veränderung der Realität bestimmend, nach Individualisierung und Poetisierung der Welt. *Der Künstler trägt die Zeit nicht, zwischen zwei Deckel gelegt, bei sich an einer Kette; er richtet sich nach dem Zeiger des Universums, weiß darum immer was die Urkuckucksuhr geschlagen!* sagte sie in *Das Hebräerland*.[139] Und diese individuelle Zeit bezieht sich immer auf die Kunst. So schildert sie sich als alte Frau noch immer auf der Schulbank sitzend, *mit spätem versunkenem Herzen, 1000 und 2jährig, dem Märchen über den Kopf gewachsen*[140]. Die Märchenzahl, die sie hier zu Jahren verfremdet, mißt sie wiederum an der realen Zeit, ein Jahr mehr als 1001. Dasselbe Bild wendet sie in dem Essay *St. Peter Hille* in etwas abgewandelter Form auf den nie vergessenen Freund an: *Er war erschütternd in seiner rührenden Gebärde, allerdings eintausend und zwei Jahre altes Kind, selbst das Märchen überschritten, Jahrhunderten gewachsen.*[141] In diesem Sinne bezeichnet sie auch in ihrem Roman *Mein Herz* (1910/11) die *kreisende Weltfabrik* Berlin als eine *unumstößliche Uhr. . . . wir wissen, wieviel Uhr Kunst es immer ist.*[142]

So ist anzunehmen, daß die Gedichte des ersten Bandes *Styx* in den Berliner Jahren entstanden sind. Nach den einschneidenden Erfahrungen der jungen Frau, nach den Schuldgefühlen gegenüber Ehemann und

Herwarth Walden (Georg Levin) mit einem Freund

Familie, dem Erlebnis einer vorher nicht gekannten Erfüllung, nach Verlassenheit, verletztem Stolz und Angst vor der Zukunft war die Bannung in das Wort, in die Form, das einzige Mittel, zu überleben. Auch die Gedichte des zweiten, 1905 beim Verlag des Vereins für Kunst erschienenen Bandes *Der siebente Tag* zeigen entsprechend dem Spätzeitcharakter der Lasker-Schülerschen Erfahrungswelt, eine Überlagerung verschiedener ikonographischer Schemata, immer jedoch ausgehend von der konkreten Situation: die Schöpfung, das Paradies, die Liebe, der Sündenfall, Erkenntnis, Tod und Vertreibung in ständiger Verschiebung und Durchdringung. Die Gedichte dieses Bandes spiegeln die Erfahrungen im Freundeskreise, das Miteinander der streitbaren jungen

59

Literaten, das Café. Vor allem das Café, das als Ort des Austauschs und der Anregung für Else Lasker-Schüler eine so große Rolle spielte, ist wieder in seiner Doppeldeutigkeit gefaßt: Einerseits ist es der *Zigeunerkarren*, Sinnbild des ungebundenen Künstlertums, andererseits *die Börse*, an der man *abschließt*.

Wie sich die dichterische Aussage bei Else Lasker-Schüler immer an äußeren Eindrücken entzündete, zeigt *Das Geheimnis*, bei dem die Café-Atmosphäre als Ausgangspunkt dient:

> *Die runde Ampel hängt wie eine Süßfrucht in der Nische,*
> *Des Fensters beide Glasgestalten regen sich,*
> *Der Paradiesbaum hinter ihnen bläht sich,*
> *Und meine Hände fallen bleich vom Marmortische.*
>
> *Und aus dem Abend tritt ein schwerer Duft,*
> *Und unsere Heiterkeiten klingen ferne*
> *Hellhin . . . wir sind auf einem greisen Sterne –*
> *Wir Vier – und schwanken in der Luft.*
>
> *Dein Auge füllt sich . . . und ich ahne, wer ich bin –*
> *Die zärtlich Glatte schlingt den Arm um deinen Leib und wittert,*
> *Und der im Lichtschein beugt den Kopf, das Schweigen über uns*
> *   gewittert,*
> *Es blickt sich unser Blut um, hin zum Anbeginn.*

Erst in den letzten anderthalb Zeilen dieser Strophen hebt sich das Gedicht von der Beschreibung des Atmosphärischen ab zur dichterisch verschlüsselten Aussage. Es folgen die beiden Schlußstrophen:

> *Und siegeslockend schwingt der runde Odem uns ums Leben*
> *Am Rand vorbei, der stille Kreis umkrampft uns.*
> *Und Nähe sucht in Nähe zu verkriechen . . .*
> *Mein Arm hebt wie ein Schwert sich auf vor uns,*
> *Versteinte Zeichen reißen sich aus Urgeweben.*
>
> *Und draußen fällt ein bleicher, blinder Regen*
> *Und tastet auf in hohlen, toten Fragen.*
> *Wir sind von der Schlange noch nicht ausgetragen*
> *Und finden das Ziel nicht in ihrem dunklen Bewegen.*[143]

Von der Wiedergabe des Atmosphärischen bewegt sich das Gedicht zu seinem eigentlichen Thema, von der äußeren zur inneren Wahrnehmung, von der Gegenwart zum Uranbeginn. Wollte man das Geheimnis benennen, müßte man es umschreiben mit: Erkenntnis, Untreue, Eifersucht. Das bedeutet nicht nur das Erkennen von etwas Verheimlichtem, Lockung, Versuchung, Scheidung, sondern es ist ausgeweitet ins Menschheitlich-Allgemeine, ins Biblisch-Uranfängliche, und so bedeutet es auch: verbotenes Geheimnis, Versuchung, Untreue gegenüber dem göttlichen Gebot, Vertreibung aus dem Paradies. Signalisiert ist das gleich in der ersten Strophe durch die Bezeichnung des hinter den schwingenden Fensterflügeln sichtbaren Baumes als Paradiesbaum. Die den Geliebten umschlingende *zärtlich Glatte* läßt die Schlange, die Zerstörerin der ursprünglichen Zweisamkeit durchscheinen. Der sich *wie ein Schwert* hebende Arm assoziiert das Flammenschwert der Vertreibung aus dem Paradies. Besonders komplex und kaum auflösbar sind die beiden letzten Zeilen des Gedichts. In der ersten ist die Schlange als Gebärerin gesehen und des Menschen Geburt steht noch bevor. In der zweiten ist die Geburt als etwas vom Ungeborenen zu Leistendes dargestellt, was auf die Vorstellung von Wiedergeburt schließen läßt, ein im Hille-Kreis vieldiskutierter Gedanke. Ausgedrückt ist hier der Wunsch nach neuem Leben, Verlassen der alten Hülle, Aufbruch, aber auch die Erkenntnis, der Sünde und dem Irrtum unterworfen zu sein, die Sehnsucht nach Befreiung von der Schlange. Das dekadent Spätzeitliche der Aussage läßt sich an der Trostlosigkeit des Regens erkennen, an den Adjektiven: bleich, blind, hohl, tot, den Verben: fallen, tasten; ferner am *greisen Stern* und der nach Entladung drängenden Schwüle des gewitternden Schweigens, bevor sich der Arm hebt. Die Schwierigkeit, die Neugeburt zu vollziehen, ist lautmalerisch ausgedrückt in der Reihung heller Vokale in der letzten Zeile, dem Inhaltlichen entsprechend nur unterbrochen durch das U in *dunklem*. Auch rhythmisch fallen diese beiden Zeilen völlig aus dem Rahmen des Gedichts. Es scheint fast, als sei die Irritation, die das Nicht-Annehmen-Wollen des Geheimnisses und das Nicht-Finden-Können eines Zieles verursachen, in diesem unangemessenen, dilettantisch wirkenden Schlußrhythmus sprachlich eingefangen.

In dem Gedicht überlagern sich nicht nur die beiden Ebenen des Cafés – der Gegenwart – und der biblischen Schöpfungsgeschichte, sondern auch die der sinnlichen Wahrnehmung und des erkennenden Bewußtseins. Die Sprechende erscheint dabei zugleich als Schöpferin und als Geschöpf, als Gebärerin wie als Ungeborene, als Flammenengel wie als Vertriebene.

In einer Reihe von Gedichten ist die Liebe zu Herwarth Walden umschrieben. Wie schwer es für Else Lasker-Schüler gewesen sein muß, sich wieder einem Menschen aufzuschließen, ist aus den Schlußzeilen des Gedichts *Evas Lied* herauszulesen:

> *Aber du bist vertrieben wie ich,*
> *Weil du auf das Land meiner Seele sankst,*
> *Als das Glück des Erkenntnistags aus mir schrie*
> *Und seines Genießens Todangst.*[144]

Als Ausdruck der Erfüllung dieser Liebe darf man wohl das Gedicht *Eva* interpretieren:

Du hast deinen Kopf tief über mich gesenkt,
Deinen Kopf mit den goldenen Lenzhaaren,
Und deine Lippen sind von rosiger Seidenweichheit,
Wie die Blüten der Bäume Edens waren.

Und die keimende Liebe ist meine Seele.
O, meine Seele ist das vertriebene Sehnen,
Du liebzitterst vor Ahnungen –
. . . Und weißt nicht, warum deine Träume stöhnen.

Und ich liege schwer auf deinem Leben,
Eine tausendstämmige Erinnerung,
Und du bist so blutjung, so adamjung . . .
Du hast deinen Kopf tief über mich gesenkt –.[145]

Diese Liebe ist wie die erste Liebe der Menschheit gesehen. Die Sprechende ist Eva und der Geliebte ist unschuldig wie der erste Mensch, *adamjung*. Die Frau ist die Wissende, eine *tausendstämmige Erinnerung*, deren *vertriebenes Sehnen* ein neues Eden sucht. Vielleicht darf man nach diesen Zeilen vermuten, daß die Initiative auch zu dieser Liebesbeziehung von der Frau ausgegangen ist, wie es die beiden Eingangszeilen der dritten Strophe von *Evas Lied* nahelegen.

Und deine Sinne sind kühl,
Und deine Augen sind zwei Morgenfrühen . . .

Selbst Gott erscheint in *Zebaoth* wie ein Geliebter. Er ist nicht der strenge, unfaßbare Gedanke der jüdischen Religion und nicht der lustige Vatergott, mit dem *Gottes Schlingel* in dem bekannten Scherzgedicht des *Styx* spielte, sondern ein junger, strahlender, naher Gott, ein Jüngling, ein Gespiele. Wieder überlagern sich reale und biblische Vorstellungen. Der Geliebte wird zum Gott, Gott wird zum Geliebten. Der Glaube an die verändernde Macht des Gefühls und des dichterischen Willens kommt in der letzten Zeile zum Ausdruck:

Deines Tores Gold schmilzt an meiner Sehnsucht.[146]

Die Sehnsucht der Sprechenden ist stark genug, das Tor Edens fortzuschmelzen, sich erneut Eingang ins Paradies zu verschaffen.

Den schon in *Weltflucht* angedeuteten Konflikt zwischen Individuum und Gesellschaft spiegeln in diesem Band Gedichte wie *Mein stilles Lied, Der letzte Stern* und *Der Letzte*. In *Der letzte Stern* spricht das lyrische Ich von sich als einem *Stern, dessen silbernes Blicken . . . durch die Leere rieselt*. Der Weltraum erscheint diesem Stern als *hohl* und leer. *Wie über Gewebe von Luft* gleitet er *die Zeit rundauf, kugelab* auf seinem leichtesten Strahl. Die Umlaufbahn der Gestirne, nach der die irdische Zeit bemessen wird, ist im *die Zeit rundauf, kugelab* lyrisch verbali siert, doch fühlt sich der tanzende Stern dieser Zeit nicht unterliegend. Weiter heißt es:

Unermüdlicher tanzte nie der Tanz.[147]

Der Tanz, einer der wesentlichen Begriffe der Dichtung Else Lasker-Schülers, hat sich hier ganz verselbständigt. Vom tanzenden David vor der Bundeslade über die tanzende Tino in der Moschee, den tanzenden Derwisch und die tanzende Bhowanéh – deren Tanzpose: *Meine Lippen glühen und meine Arme breiten sich aus wie Flammen* als Motto über dem Gedichtband *Styx* steht – bis zum Veitstanz ist der Tanz ein Ausdruck für besondere Fähigkeit, für Künstlertum im Sinne von Priestertum oder auch Hexentum. Hier ist die Bewegung des tanzenden Sternes als Tanz an sich gesehen, als Tanz in äußerster Potenzierung von fast Heideggerscher Prägung: der tanzende Tanz.

Das Endzeitliche der hier gegebenen Vorstellungswelt zeigt sich wieder in der Diskrepanz zwischen der Thematik der Schöpfung, denn es heißt *der siebente Tag naht*, und der Tatsache, daß der gegebene Kosmos leer und hohl ist, daß keine Sphärenharmonie herrscht, sondern die *Luftgelüste klanglos* sind, und zwar paradoxerweise, ohne daß ein *Aufagen, das jubelnde Blühen eines Morgen* vorausgegangen wäre. So ist das Ende überall spürbar, doch noch nicht erschaffen, die schleichenden hohlen Lüfte *erreichen* es nicht. Dieses Ende ist aber zugleich als ursprüngliches Chaos gesehen. Es überlagern sich auch hier wieder Geburts- und Todesvorstellungen, gleichsam Götterdämmerung und Anfangschaos. Auf die Ebene der menschlichen Begegnung verschoben ist die Ortlosigkeit des Ichs in *Mein stilles Lied.*

Das berühmteste und immer wieder zitierte Gedicht dieses Bandes ist jedoch *Mein Volk*, das stärker als die romantisch beschreibenden Gedichte wie *Sulamith, Das Lied des Gesalbten, Zebaoth* oder *Ruth* den Ruf Else Lasker-Schülers als jüdische Dichterin festigte. Peter Hille hatte die Freundin, bevor *Der siebente Tag* erschien, wie folgt charakterisiert: «Else Lasker-Schüler ist die jüdische Dichterin. Was Deborah! Sie hat Schwingen und Fesseln, Jauchzen des Kindes, der seligen Braut fromme Inbrunst, das müde Blut verbannter Jahrtausende und greiser Kränkungen . . . Ihr Dichtgeist ist schwarzer Diamant, der in ihrer Stirn schneidet und wehetut. Sehr wehe. Der schwarze Schwan Israels, eine Sappho, der die Welt entzwei gegangen ist. Strahlt kindlich, ist urfinster. In ihres Haares Nacht wandert Winterschnee. Ihre Wangen feine Früchte, verbrannt vom Geiste. Sie tollt sich mit dem alterernsten Jahve, und ihr Mutterseelchen plaudert von ihrem Knaben, wie's sein soll, nicht philosophisch . . . nein . . . aus dem Märchenbuch.»[148] Diese Charakterisierung betont nicht nur das jüdische Erbe und das auserwählte Dichtertum, sondern arbeitet auch die Gegensätzlichkeit heraus, da die Dichterin als Kind, Braut und Mutter erscheint, als Mensch mit Schwingen und Fesseln, als kindlich und urfinster, als jüdisch und deutsch, als flammender Geist und zitternde Blumenseele.

In *Mein Volk* hat Else Lasker-Schüler den stärksten Ausdruck dafür gefunden, was es heißt, diesem Volk anzugehören, dessen Auserwähltsein sich immer wieder in besonderen Leiden manifestiert hat:

Mein Volk

Der Fels wird morsch,
Dem ich entspringe
Und meine Gotteslieder singe . . .
Jäh stürz ich vom Weg
Und riesele ganz in mir
Fernab, allein über Klagegestein
Dem Meer zu.

Hab mich so abgeströmt
Von meines Blutes
Mostvergorenheit.
Und immer, immer noch der Widerhall
In mir.
Wenn schauerlich gen Ost
Das morsche Felsgebein,
Mein Volk,
Zu Gott schreit.[149]

Das sprechende Ich, das sich als ein dem Felsen entspringendes, zum Meer fließendes Gewässer sieht, ist zwar isoliert, fühlt sich zugleich aber einer Gemeinschaft verbunden. Das Gewässer hat kein gesichertes Bett sondern *stürzt jäh . . . vom Weg* und *rieselt fernab, allein*, über *Klagegestein*. Daß dieses Gewässer als der Weg des Dichters gemeint ist, geht aus den *Gottesliedern* hervor, und der Ton dieser Lieder läßt sich aus dem die Klagemauer assoziierenden Gestein erschließen. Die Schwere des Dichteramtes, die auch Peter Hille mit dem in die Stirn schneidenden «schwarzen Diamant» hervorgehoben hatte, kommt in der Unterschiedlichkeit der Verben zum Ausdruck, die die Bewegung des Wassers beschreiben: entspringen, jäh stürzen, rieseln. Der Dichter – und als Dichterin im anspruchsvollsten Sinne des Wortes hat sich Else Lasker-Schüler stets verstanden – muß seinen einsamen Weg gehen. Isolation gehört zum Dichterberuf. In der zweiten Strophe ist das biblische Alter des jüdischen Volkes mit der *Mostvergorenheit* des Blutes und dem *morschen Felsgebein* umschrieben. Die *Mostvergorenheit* hängt zugleich wieder mit dem Dichterberuf zusammen, da Else Lasker-Schüler das *Ruhen und Reifen* im *Gewölbe des Herzens* immer wieder als Bild für den dichterischen Prozeß benutzt hat.

Das jüdische Thema ist hier in einem großartig komplexen Bild ohne biblisches Dekor in schlichter Selbstaussage Ausdruck geworden. Clemens Heselhaus bezeichnete diese «unergründliche Wortfuge, die wesentlich darauf beruht, daß die wie in Trance ergriffenen Momente zu

Richard Dehmel

gleich eine unüberhörbare Realität besitzen», als «das erste expressionistische Gedicht, das wir in Deutschland haben»[150]. In der Tat enthält dieses Gedicht Elemente der Schreibweise, die unter dem Begriff Expressionismus in die Literaturwissenschaft eingegangen ist: das brüchige Weltbild, Sturz und Schrei. Doch spricht zugleich aus ihm eine starke innere Verbundenheit an das «Völkische», eine schicksalhafte Übereinstimmung des lyrischen Ichs mit seinen «Wurzeln», und zwar mit einer solchen Sicherheit und Klarheit vorgetragen, daß sich die Diktion eher mit gründerzeitlichen Volksvorstellungen vergleichen läßt, allerdings unter dem Vorzeichen dieses Volkes.

Am 30. November 1903 heiratete Else Lasker-Schüler Herwarth Walden. Laut Heiratsurkunde war dieser Konservatoriumsdirektor. Er verfolgte zunächst eine Karriere als Musiker und vertonte Gedichte seiner Frau. Eines der hervorstechendsten Charaktermerkmale der Dichterin war, daß sie sich sehr für andere einsetzte, auch wenn es ihr selbst schlecht ging. Sie beschwor den Angeschriebenen dann, dem Betreffenden nichts über ihre Bemühungen zu verraten. So schreibt sie in den ersten Ehejahren auch an Dehmels zweite Frau Ida und bittet sie, sich für ihren Ehemann zu verwenden. Das Ehepaar Walden gab offenbar Hauskonzerte für Freunde und Interessierte, denn in einem Brief an den *dunklen Kiefernfürst* Richard Dehmel heißt es: *Immer wenn hier bei uns Concert ist, spielt Goldwarth deine Lieder, die bewundert werden.*[151] In

Paul Lasker-Schüler, um 1906

einer Anzeige seiner «Zehn Gesänge zu Dichtungen von Else Lasker-
Schüler» in Maximilian Hardens «Zukunft» umriß Herwarth Walden
1904 seine Ziele bei der Vertonung von Gedichten: «Meine Absicht war
nicht Musik über ein Gedicht zu schreiben, also nicht von ungefähr die
Stimmung zu treffen, sondern beides so innig miteinander zu verschmel-
zen, daß Eins ohne das Andere gar nicht mehr denkbar ist. Wie mir
scheint, schadet es gar nicht, wenn die Musik ohne die Worte keinen
‹Sinn› giebt, also absolut nicht wirkt. Das ist auch nicht die Aufgabe des
Gesangsmelos. Er soll aber nicht etwa rezitativische Deklamation sein,
sondern nur die Musik tönen lassen, die vom Ursprung an latent gerade

in dem gewählten Gedicht enthalten war.»[152] In einem Brief an Ida Dehmel vertritt Else Lasker-Schüler die Ansicht: *Dichter und Musiker müssen den gleichen inneren Wuchs haben.*[153] In den ersten Ehejahren haben Herwarth und Else Walden sicher das Gefühl gehabt, vom gleichen «inneren Wuchs» zu sein.

Veränderungen scheinen jedoch schon in den Jahren 1906/07 stattgefunden zu haben. Zwar trat Else Lasker-Schüler weiterhin für ihren Mann ein, doch schien die Ehe schon brüchig zu sein, vor allem weil Herwarth Walden seinen beruflichen Weg noch nicht eindeutig gefunden hatte und das Zusammenleben ständig von Geldsorgen überschattet war.[154] Die Sorgen um die Gesundheit ihres Sohnes und die finanzielle Unsicherheit ließen vermutlich alte Ängste erneut aufbrechen. Zudem müssen sich die Erfahrungen der ersten Ehe und des unsicheren Lebens danach psychisch weiter ausgewirkt haben. Wie sie in *Ich räume auf!* mitteilt, bewohnte sie vor ihrer zweiten Ehschließung ein abgeteiltes Kellergelaß, das ihr für 75 Pfg. im Monat überlassen worden war. Ein Brief an den Verleger Axel Juncker, in dem sie ihm den zweiten Gedichtband *Der siebente Tag* anbietet, wirft ein Licht auf ihre damalige finanzielle Situation. *Ich habe mein Manuscript noch nicht wo anders hin verschickt event. steht es Ihnen noch zur Verfügung. Ich glaube, es sind gewaltige Sachen, die Aufsehn machen.*[155] Sie fordert für die erste Auflage des Buches 200 Mark und fügt hinzu: *Das ist doch wirklich wenig. Ich will es aber gerne verkaufen. Lieber eine dünne Taube in der Hand als eine gefüllte im Traum. Ich denk' dabei an Pharaos Traum, an Joseph und seine Brüder.* An den Rand des Briefes schreibt sie zur Bekräftigung: *Noch nie solche Verse dagewesen, ganz neue Sprache.* Wie man sieht, glaubte Else Lasker-Schüler in den ersten Jahren ihrer zweiten Ehe noch an einen *kommenden Himmel*, den ihr vor allem ihre Kunst erschließen sollte. In einer von Margarete Kupper erstmals veröffentlichten Prosaskizze (im Besitz von August Buck in Osnabrück), die sie «der Schrift und dem Inhalt nach» in das Jahr 1905 verweist, geht hervor, daß der Fall *ins Haus*, der als Bild für die Erfahrungen der ersten Ehe diente, wohl nicht nur psychisch, sondern auch physisch bleibende Spuren hinterlassen hatte. Zahlreich sind in den Briefen die Ermahnungen der besorgten Freunde, an ihre Gesundheit zu denken, die Anfragen, ob sie sich wieder besser fühle, die Hinweise in ihren eigenen Briefen, daß sie *gelegen* habe. Vielleicht darf man auch eine Flucht in die Krankheit annehmen, deren sich das gefallene *Kind* mit den aufgeschlagenen Knien als Schutzhaltung und Vorwurf gegenüber der Umwelt bediente.

In diesen schwierigen Jahren reifte im *Gewölbe des Herzens* auch das erste Schauspiel Else Lasker-Schülers, *Die Wupper*. Von den fünf Aufzügen des Stückes spielen der erste und eine Szene des letzten Aufzugs im Arbeiterviertel einer an einem *schmalen Wupperarm* gelegenen *Fabrikstadt im Wuppertale*, der dritte auf dem Jahrmarkt und der zweite sowie die erste Szene des fünften im Garten bzw. dem Gartenzimmer einer Fabrikantenvilla. Else Lasker-Schüler hat hier die beiden Milieus einander gegenübergestellt, die sie kannte. Das eine spiegelt ihr Elternhaus, das andere hatte sie bei Schulkameraden und während der Gänge mit ihrem Vater kennengelernt.

Im Haus der Arbeiter Wallbrecker/Pius leben drei Generationen. Großvater Wallbrecker, der seine Arbeitsjahre am Webstuhl verbracht hat, Großmutter Pius, die Schwiegermutter seiner Tochter Amanda, die mit Quacksalberei, Kartenlegen sowie mit einer Kirmesbude Geld zu verdienen sucht, Amanda Pius, die sich ihren Unterhalt mit Waschen und Bügeln verdient, und Carl Pius, der sich zu Höherem berufen fühlt. Er möchte nicht Färber, sondern Pastor werden. Die Nachbarn, die Familie Puderbach mit den Kindern Lieschen und August, sind dieser Familie schon durch Generationen verbunden. Großvater Wallbrecker hat 25 Jahre neben *dem Liesken sein Großvatter am Webstuhl gesessen* – und die Kinder sind befreundet. Die Namen sind bezeichnend: Wallbrecker drückt die Arbeit an sich aus, Puderbach die besondere des Färbens, und in dem Namen Pius ist die Frömmelei des Wuppertaler Sekten-Protestantismus ironisch eingefangen. Dem stehen die Leute in der Villa mit dem das Nichtstun umschreibenden Namen Sonntag gegenüber.

Beziehungen gehen von einem Milieu ins andere. Frau Pius wäscht und bereitet die Spitzen für Charlotte Sonntag und ihre Tochter Marta auf. Mutter Pius ist die Botin, legt den Mädchen des Hauses die Karten und scherzt frivol mit dem Ältesten, Heinrich Sonntag, der nach dem Tod des Vaters Firmenchef geworden ist. Carl Pius liebt Marta Sonntag. Er ist ein Studienfreund des kränklichen Jüngsten Eduard Sonntag, der im Begriff ist, katholisch zu werden und in ein Kloster einzutreten. Ihn verbindet eine schwärmerische Freundschaft mit Lieschen Puderbach.

Hinzu kommen die drei Außenseiter-Gestalten, der Herumtreiber Pendelfrederich, Lange Anna und der Gläserne Amadeus. Daß sie eine besondere Funktion haben, wird bereits bei ihrem langsamen, schweigenden Auftreten deutlich und ihrem längeren schweigsamen Verharren, bevor sie ins Spiel kommen. Was sie sagen, so sinnlos es oft klingt, ist von hintergründiger Wahrheit. Pendelfrederich bezeichnet sich als *Zeitvertreib*, den das Leben, von dem er selbst *nix* habe, ab und zu *aus seine Kiste* hole, er sieht sich als eine der grausigen Attraktionen des Daseins. Amadeus, der aus seinem *Traumbuch gescheit zu reden* weiß, weissagt Heinrich Sonntag seinen baldigen Tod. Diese drei Gestalten sind denn auch immer wieder als Chor des Stückes interpretiert worden. Daß es sich bei dem Gläsernen Amadeus um eine Dichterfigur handelt, geht nicht nur daraus hervor, daß er ein besonders empfindliches, mit einem Sprung versehenes Herz hat, sondern auch daraus, daß er Träume deutet und prophetische Äußerungen macht. Zudem hat Else Lasker-Schüler wiederholt versichert, nur ihre Schüchternheit habe sie daran gehindert, darum zu bitten, diese Rolle selbst spielen zu dürfen.

In der zentralen Jahrmarktszene mischen sich die Milieus. Mutter Pius verkuppelt das vierzehnjährige Lieschen Puderbach an Heinrich Sonntag. Dr. von Simon, der Geschäftsführer der Sonntagschen Fabrik

Else Lasker-Schüler, 1908

trifft sich mit dem Dienstmädchen Berta. Er wird von Arbeitern angegriffen, weil er als Mädchenverführer bekannt ist. Doch ist Heinrich
Sonntags Ruf offensichtlich nicht besser – eines der *Weibsbilder* nennt
ihn den *Puppenhangri* –, aber er ist menschlich sympathischer. So scha-
ren sich Arbeiter um ihn, als der Betrunkene den Leutnant hervorkehrt:
sie machen mit, *wie große ungeschlachte Jungen, die Soldaten spielen*[156].
Er malt sich schließlich mit Kreide einen großen Kreis unterhalb des
Herzens mit den Worten: . . . *das Terrain darfst de nich überschreiten,
sonst bin ich belämmert.*[157] *Der Gläserne Amadeus* behält mit seiner Vor-
aussage recht, Heinrich nimmt sich das Leben. Das Stück endet in der
Fabrikantenvilla äußerlich reputierlich. Heinrichs «Fall» wird als unauf-
klärbar bezeichnet, Marta verlobt sich mit Dr. von Simon. Schlimmer

wirken sich die Ereignisse im Arbeitermilieu aus: das heulende Lieschen wird in die Zwangserziehungsanstalt gebracht, und der von Frau Sonntag mit seinem Antrag um Martas Hand als impertinent zurückgewiesene Carl Pius ertränkt seinen Kummer im Alkohol. Selbst die sanften, schwärmerischen Eduard Sonntag sind am Schluß die Augen geöffnet: er sitzt vor dem vorher verhängten Spiegel und betrachtet sich.

Else Lasker-Schüler hat das Drama als *schreitende Lyrik* interpretiert. Daß sich diese Auffassung nicht auf die Sprache beziehen kann, geht schon daraus hervor, daß sich der Vorwurf der Obszönität, der dem Stück immer wieder gemacht worden ist, gerade an der Sprache entzündete. Sie kann also nur das Schauspiel als Ganzes gemeint haben, das Ins-Bild-Bannen von anders nicht Ausdrückbarem. Vor allem die Streikszene, in welcher der Streik als Mittel des Arbeitskampfes mit seinen Vor- und Nachteilen diskutiert wird, zeigt deutlich, daß Else Lasker-Schüler mit dem Stück keine eindeutige oder gar didaktische Antwort geben will. Doch Mutter Pius, die als *das Karussell*, in dem alle sitzen, bezeichnet wird, sagt: *Alte Schafsköpfe, wo man euch hintreibt, freßt ihr!*[158] und zieht sich dann in ihr Häuschen zurück, um nicht angepumpt zu werden.

Diese *Arbeitermär* mit gegensätzlichen Einzelaussagen von geradezu klassisch-symmetrischer Tektonik hat Else Lasker-Schüler neben dem Vorwurf der Obszönität immer wieder auch den der lyrischen Verblasenheit eingetragen. So hat man das Stück im Laufe der Jahrzehnte seiner Arbeiterszenen wegen dem Naturalismus zugeordnet, seiner nächtlich-phantastischen Züge wegen umschrieb Alfred Kerr es 1927 mit dem Begriff «Phantasto-Realismus». Heinz Herald glaubte ihm 1919 nur mit «Stilisieren» beikommen zu können, auch wird es wegen seiner pathetisch-anklägerischen Züge manchmal dem Expressionismus zugeordnet. Später hat man den Symbolismus, ja den Surrealismus bemüht. Doch ist das Stück eindeutig im imperialistischen Vorkriegsdeutschland angesiedelt. Das Motiv des Mannes, der mit Leib und Seele Soldat ist, nach dem Tode des Vaters aber den bunten Rock ausziehen muß, um die Firma zu übernehmen, ist ein gängiges Klischee der Trivialliteratur jener Zeit.

Wie in Thomas Manns etwas später entstandener Novelle «Tod in Venedig» durchziehen auch hier Dekadenz-Motive das Stück: das aufblühende Lieschen, Eduards *Königsbraut*, wird nach den Ereignissen auf dem Jahrmarkt von Mutter Pius mit deren Kirmes-Attraktion, der Kindermumie mit zwei Köpfen, verglichen. Heinrich, dem der Soldat im Blut liegt wie *in Achill der Sieg*, spielt den Offizier nur als Betrunkener mit einer Horde johlender Arbeiter auf dem Jahrmarkt. Das Siegfried-Motiv, die Kennzeichnung einer verwundbaren Körperstelle, ist ins Obszöne und Lächerliche gekehrt. Wie in der Jahrmarktszene angedeutet, endet Heinrich nicht im Zweikampf, sondern durch Selbstmord. Die Tochter Marta, von der ein Nacktfoto kursiert, heiratet den Galan des Dienstmädchens Berta. Eduard, mit empfindlichem Gewissen und empfindsamer Seele ausgestattet, ist vom Tode gezeichnet. Mutter Pius, die das ganze *Karussell* bewegt und verkörpert, ist eine zynische alte Vettel.

Der Chor der drei Auskehrer und *Erzengel* besteht aus sozialen Außenseitern. Die Dichterfigur, der Traumdeuter und Prophet mit dem gesprungenen Herzen, ist ein obdachloser Herumtreiber. Musikalisch untermalt ist das Ganze vom immer wiederkehrenden Refrain des Liedes vom «Lieben Augustin, alles ist hin, hin, hin . . .»

Anders als bei Thomas Mann sind hier jedoch Alternativen angedeutet, so etwa im Streikgespräch, in der Figur des Carl Pius und in manchen Äußerungen des Großvaters Wallbrecker.

Wie andere zeitgenössische Autoren hat auch Else Lasker-Schüler stets deutlich zu machen versucht, was es bedeutet, ein Mensch zu sein, der schreibt. Wenn man *Die Wupper* verstehen will, muß man nach der Biographie der Autorin fragen. Was in dieser *schweren Schauspielauslese* hervordrängt, ist auf ihrem Lebensweg gewachsen. *Und überhaupt, so seltsame Dinge gingen in der Stadt vor: – immer träumte ich davon auf dem Schulweg über die Au. Manchmal lief ich durch graue, lose Schleier; Nebel war überall; hinter mir kamen schauerliche Männer mit einem Auge oder loser Nacktheit . . .*[159], heißt es vier Jahre nach Erscheinen der *Wupper* in dem Essayband *Gesichte*. Und in *Der letzte Schultag* erinnert sich die fast sechzigjährige Autorin: *Draußen in der Wupper spülten die Arbeiter die gefärbten Baumwollen, dadurch, wurde mir klar, schimmerte der liebe Fluß immer wie sauer gewordene schwarze Milch.*[160]

Bühnenbild von Heinz Stern zu «Die Wupper»

Im Erscheinungsjahr umriß ein zeitgenössischer Kritiker das schwer Faßliche des Stückes mit den Worten: «So ist «Die Wupper» (Berlin, Oesterheld & Co.) von Else Lasker-Schüler scheinbar ein Schauspiel ganz nach der Regel der Zolaisten, ohne eine dramatische Handlung, ohne einen dramatischen Zug, ohne einen dramatischen Dialog, ohne ein Element der Spannung, ohne einen Abschluß. Nur das Milieu tut sich auf, und zwar in einer Luftklarheit, daß jede Person, die mit einem Male auf der Gasse auftaucht, ob sie nun in Aktion tritt oder nicht, für den einen Augenblick das volle, farbige, das nur sie bedingende Leben gewinnt. Und trotzdem ist das Stück kein realistisches Schulbeispiel; denn die Verfasserin will noch etwas anderes als bloß lokale Töne, sie sucht nach der Melodie unseres Daseins überhaupt.»[161]

Zu einem ähnlichen Schluß kam Fritz Martini noch 1977, als er sich mit der Rezeptionsgeschichte des Stückes auseinandersetzte: «Naturalismus, Symbolismus, Expressionismus und, erst jüngst von Horst Laube vorgebracht, Surrealismus – keiner der Begriffe deckt dieses eigenwillige Schauspiel als ganzes ab.»[162]

Tatsache ist, daß das Stück trotz aller Skandale und Vorwürfe immer wieder hervorgeholt wird, und zwar an renommierten oder progressiven Bühnen, und das, obwohl Dieter Bänsch auf das «hoffnungslos Überlebte des Stückes»[163] hinwies. *Die Wupper* erschien 1909 bei Oesterheld in Berlin. Am 18. Januar 1911 las Else Lasker-Schüler das Stück im Neopathetischen Cabaret. Die Uraufführung fand am 27. April 1919 als Tagesveranstaltung der Vereinigung «Das Junge Deutschland» an Max Reinhardts Deutschem Theater in Berlin statt. Heinz Herald führte Regie und Friedrich Holländer schrieb die Musik. Acht Jahre später inszenierte Jürgen Fehling eine vielbeachtete Aufführung an Leopold Jessners Staatstheater in Berlin. Lucie Mannheim spielte das Lieschen, Albert Florath den Großvater Wallbrecker, Lucie Höflich die Frau Sonntag und Lothar Müthel den Eduard.

Else Lasker-Schüler hatte aber nicht nur mit ihrem Schauspiel Schwierigkeiten. Auch als Lyrikerin wurde sie angegriffen. Am 6. Juli 1910 erschien in der «Rheinisch-Westfälischen Zeitung» in Essen das Gedicht *Leise sagen* ohne Genehmigung der Autorin. Eingeführt wurde es mit den Worten: «Leise sagen – Diese Überschrift trägt ein Poem, das Else Lasker-Schüler in der wilden Wochenschrift ‹Der Sturm› veröffentlicht . . .» Und es folgt das Gedicht:

> *Du nahmst dir alle Sterne*
> *Über meinem Herzen.*
> *Meine Gedanken kräuseln sich,*
> *Ich muß tanzen.*
> *Immer tust du das, was mich aufschauen läßt,*
> *Mein Leben zu müden*
> *Ich kann den Abend nicht mehr*
> *Über die Hecken tragen*
> *Im Spiegel der Bäche*

> *Finde ich mein Bild nicht mehr.*
> *Dem Erzengel hast Du*
> *Die schwebenden Augen gestohlen.*
> *Aber ich nasche vom Seim*
> *Ihrer Bläue.*
> *Mein Herz geht langsam unter*
> *Ich weiß nicht wo –*
> *Vielleicht in Deiner Hand*
> *Überall greift sie an mein Gewebe.*[164]

Daran schließt sich der lapidare Kommentar: «– Vollständige Gehirnerweichung, hören wir den Leser – leise sagen.» Das Gedicht erschien mit dem gleichen Kommentar auch in einer Hamburger Zeitung. Herwarth Walden bewog seine Frau zu einer Privatklage in Hamburg, die abgewiesen wurde. Er bemerkte dazu in seinem Resümee des gesamten Falles im 3. Jahrgang des «Sturm» 1912: «Der Richter sprach ausnahmsweise einmal einem Redakteur die Wahrung berechtigter Interessen zu. Er fand, daß der Vorwurf der Gehirnerweichung nicht über das berechtigte Ziel kritischer Betrachtung hinausschieße.»[165] Daraufhin berief sich die Klägerin auf den Paragraphen 19, 1 des Urheberrechts und verlangte ein Honorar von 20 Mark für den Abdruck. Das Gericht befand nun über den Kunstcharakter des Gedichts und bekannte sich zu seiner «absoluten Verständnislosigkeit», wobei es die «Frage der unfreiwilligen Komik» noch «außer Betracht» ließ. Es konzedierte zwar, «daß die Verfasserin ihrerseits mit den von ihr gewählten Worten doch wohl einen Sinn verbunden haben» müsse. Auch hat sich das Gericht bemüht, die schwierige Materie Lyrik anzugehen, «mittels angestrengten Nachdenkens und auf dem Wege der Kombinationen und Vermutungen», um zu «Resultaten zu gelangen, die möglicherweise . . . dem annähernd ent-

Herwarth Walden. Karikatur von Paul Lasker-Schüler

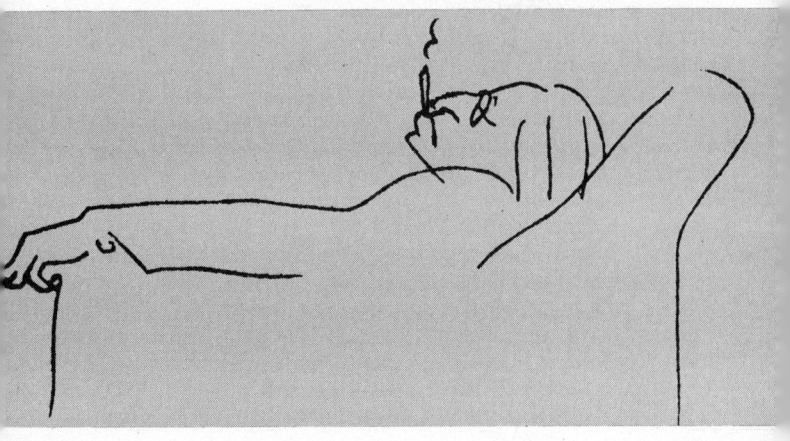

sprechen, was die Verfasserin mit ihren Versen wirklich hat zum Ausdruck bringen wollen». Doch kam es nur zu dem Resultat: «Überhaupt läßt sich von dem Gedicht sagen, daß für den auffallenden Mangel an vernünftigem Sinn nicht einmal eine schöne Form entschädigt.» So wurde es schließlich juristisch unter die Fälle der «unfreiwilligen Komik» eingereiht, da es nur unter diesem Aspekt geeignet sei, die Leser zu «unterhalten», unter die Stilblüten- und Druckfehlerteufel-Beispiele, für die selbstverständlich niemals ein Honorar gezahlt würde. Ein in Berlin angestrengter zweiter Prozeß wurde zugunsten der Dichterin entschieden, so daß sie wenigstens ein Abdruckshonorar erhielt. Waldens abschließender Kommentar lautete: «Ich habe nichts dagegen, daß die Herren Kunst komisch finden. Ich werde sie aber daran hindern, ihren Geist an Kunst aufzugeilen. Ich werde mich in ihre Verstandesregion hinunterbegeben und ihnen beweisen, daß Impotenz keine Gesundheit ist. Kranke Laien halten sich oft für gesund. Sie sollen aber nicht exzentrisch werden wollen . . . Sie sollen im Lande bleiben und sich redlich mit Vermischtem nähren . . . Kunst muß vor Prostitution geschützt werden. Denn Kunst fordert Liebe.»

Hier stand das Ehepaar Walden noch einmal als *Streiter* Seite an Seite, doch war die Ehe nicht mehr zu retten. Auf einer mit einem Freund unternommenen Skandinavien-Reise hatte Herwarth Walden 1911 die Schwedin Nell Roslund kennengelernt, die in vieler Hinsicht das Gegenteil von Else Lasker-Schüler war: sie war groß, blond und jünger als Walden. Die Dichterin nennt die Rivalin *Lockenundame.* Wenige Monate nach Waldens abschließendem Resümee zum Prozeß um *Leise sagen* wurde die Ehe am 1. November 1912 geschieden. In dem Essay *Lasker-Schüler contra B. und Genossen,* der diesen Prozeß kommentiert, macht sich Else Lasker-Schüler nicht nur über die *Redaktionen der Zeitungen* lustig, die sie *bei der Gehirnerweichung ertappten,* sondern liefert auch eine Schilderung über den Zustand ihrer Ehe: *Es hat jemand dem Psychiater gesagt, ich sei abnorm eifersüchtig. Das könnte allenfalls ein Symptom von Gehirnerweichung sein. Aber was soll ich mit meinem Mann sprechen, wenn er in der Nacht nach Hause kommt, als Eifersucht.*[166] Wie bei der Umschreibung der ersten Ehe verwendet sie im selben Essay das Bild des enttäuschten Kindes, um ihre Reaktion auf das Scheitern der zweiten Ehe zum Ausdruck zu bringen: *Und das zweitemal, das war noch trauriger; da folgte ich meinem Verlobten in seine Heimatstube. Ich saß neben seiner Schwester; mein Verlobter saß neben seiner Mama, und oben am Tischanfang trank sein Papa den Nachmittagskaffee, und auf einmal sah ich, daß die fremde Mama meinem Verlobten ein großes Stück Kuchen auf den Teller legte, ein Stück Torte mit einer Frucht darauf; und ich bekam ein schmales Stück Torte ohne eine rote Kirsche; da war ich plötzlich ganz klein wie zu Haus und weinte.*[167]

In den Dichtungen dieser Zeit, vor allem in der *Phantasie* des ersten Essaybandes *Bei Guy de Maupassant,* häufen sich in der Beschreibung der eigenen Person die Motive des Kleinseins und der Schutzbedürftigkeit, die die seelische Verfassung der enttäuschten Frau reflektieren. In

Von Geld ist die Rede, von wem noch?

«Gebt mir jedes Jahr 3000 Thaler . . .

. . . und ich will Euch in drei Jahren einen Faust schreiben, daß Ihr die Pestillenz kriegt.» Der dies schrieb, hielt nicht viel von Goethe («der du von Gothen oder vom Kothe stammst»), war aber um so mehr von sich selbst überzeugt. Damit fiel er den Leuten auf – und auf die Nerven. Wo er auch hinkam, fand der geniale Sonderling wenig Freunde (Immermann, Tieck, Heine, viel mehr waren's nicht), aber überall machte er sich Feinde.

Er war gewissermaßen im Zuchthaus groß geworden: Sein Vater war Gefängniswärter in Detmold gewesen. Möglich, daß diese Kindheitserlebnisse den jungen Dichter belasteten. Nach dem Jurastudium wollte er Schauspieler und Regisseur werden, wurde dann aber doch erst einmal Militärjustizbeamter in seiner Heimatstadt, schied nach ein paar Jahren aus, ging nach Frankfurt, dann zu Immermann ans Theater nach Düsseldorf, machte sich aber hier wie dort durch seine Zügellosigkeit und Arroganz bald unbeliebt.

Er schrieb sich den Haß von der Seele in Theaterstücken, die von Monstrositäten und Obszönitäten strotzen (Rahel von Varnhagen konnte nicht schlafen, als eines seiner Manuskripte in ihrem Hause war), die zugleich aber so genial sind, daß Heine dem Dichter «die meiste Verwandtschaft mit Shakespeare» unter allen deutschen Dramatikern zusprach.

In dieser Zeit lebte der Dichter von silbernen Löffeln, die seine Mutter ihm einst mitgegeben hatte und die er nun nach und nach versilberte. Fragte man ihn nach seinem Ergehen, so antwortete er, er sei nun an seinem dritten Löffel oder am vierten. Im Alter von dreißig Jahren begann er zu trinken, unmäßig und anscheinend in selbstzerstörerischer Absicht. Sechs Jahre hielt er das durch. «Er starb durch Selbsttrunk», schrieb Heine. Von wem war die Rede?

(Alphabetische Lösung: 7-18-1-2-2-5)

Mein Herz weist die anerkannte Dichterin darauf hin, daß sie *auch ein ganz kleines Mädchen sein kann, das zum ersten Mal von einem Herrn zu Kempinski zum Abendbrot mitgenommen wird* [168].

Mein Herz – Niemandem

Wie sehr die Dichterin unter dieser zweiten Abwendung gelitten hat, geht aus den verzweifelten Klagen in vielen ihrer Briefe seit 1909 hervor. So schreibt sie am 12. August 1909 an Jethro Bithell: *I have been ill . . . eine Flatterkrankheit without a Ziel.* Fünf Tage später heißt es: *Ich schreibe im Dunkeln.* [169] Am 2. Februar 1910 teilt sie Peter Altenberg mit, daß sie von Herwarth Walden fort sei. Die wirtschaftliche und psychologische Seite dieses Bruchs drückt sie im Bilde Jussufs aus: *. . . ich bin zu arm um nach Wien zu kommen, auch habe ich nur ein Kleid, und den Rock Josephs habe ich gefunden, der ist aber so ruiniert von der Grube.* [170] An den Freund Paul Zech schreibt sie am 7. Juni 1910: *. . . bin noch sehr krank alle Tinte ist versteckt worden.* [171] An den gleichen Adressaten heißt es am 3. Dezember 1911: *Ich war sehr krank, bin sozusagen mit Opium 5 Wochen ernährt worden.* [172] Auch in einem Brief an Richard Dehmels erste Frau Paula spricht sie davon, *todkrank* zu sein, und am Schluß des Schreibens heißt es: *. . . – ich bin immer im Opiumrausch –* [173] Äußerungen wie diese haben zu der Vermutung Anlaß gegeben, Else Lasker-Schüler habe Rauschgift genommen, doch können diese Worte mit der gleichen Berechtigung den für sie typischen Übertreibungen zugeschrieben werden. Es ist bekannt, daß Franz Jung und John Heartfield – der *Kaiser von Mexiko* und *Wetterscheid* im *Malik*-Roman – Kokain nahmen. Doch glaubt Wieland Herzfelde die Frage, ob Else Lasker-Schüler Rauschgift genommen habe, mit Sicherheit verneinen zu können. [174]

In dieser schwierigen Zeit fand Else Lasker-Schüler aber endlich auch künstlerische Anerkennung. In dem 1911 erschienenen dritten Gedichtband *Meine Wunder* steht neben dem Gedicht *Leise sagen* auch *Ein alter Tibetteppich*, das ihr höchstes Lob von einem so gnadenlosen Kritiker wie Karl Kraus einbrachte:

> *Deine Seele, die die meine liebet,*
> *Ist verwirkt mit ihr im Teppichtibet.*
>
> *Strahl in Strahl verliebte Farben,*
> *Sterne, die sich himmellang umwarben.*
>
> *Unsere Füße ruhen auf der Kostbarkeit,*
> *Maschentausendabertausendweit.*
>
> *Süßer Lamasohn auf Moschuspflanzenthron,*
> *Wie lange küßt dein Mund den meinen wohl*
> *Und Wang die Wange buntgeknüpfte Zeiten schon.* [175]

John Heartfield

Richard Weiß widmete dem Band und diesem Gedicht im besonderen eine ausführliche Würdigung in der «Fackel». «Jede Kunst drückt – eine wahre Transsubstantiation – die Welt in ihrem Materiale restlos aus. Das Material der Wortkunst sind die Worte. Die Worte sind nicht nur Bedeutung, sie sind auch Klang. Die Wortzusammenhänge nicht nur Aussagen, sie sind auch Rhythmus und Melodie. Die Bedeutungen der Worte sind nur ein Teil des Materials, aus dem sie die Bedeutung aufbaut. Was der Unkünstler den ‹Sinn› eines Gedichts nennt, ist nur ein Teil seines Sinnes. Der Klang ist nicht ein Akzidens, das als Verschönerung, als Ornament zu dem auch so schon vorhandenen Sinn hinzukommt, er macht den Sinn erst ganz.»[176] Auch er machte darauf aufmerksam, daß sich die Arbeitsweise Else Lasker-Schülers an der Oberfläche der Erscheinungen entzündete. «Else Lasker-Schüler ist nicht tief noch seicht, ihre Worte sind erspiegelt aus der Oberfläche der Dinge.»[177] Er verwies auf das Miteinanderverwirktsein nicht nur im bildlichen Sinne von Seele und Seele, Masche und Masche, sondern auch von Bild, Bedeutung und Klang, auf die Umkehrungen von Worten und Vokalen, die die innige Verbundenheit ausdrücken, auf das Spiel der Assonanzen vom hellen I und E der ersten Strophe bis zum dunklen O und U der letzten, miteinander verbunden im Ü von *Füße, Süßer, küßt* und *buntgeknüpft*. Auf Grund ihres wachsenden Ruhmes druckten Blätter wie «Die Fackel», «Der Sturm», «Die Aktion», «Die Weißen Blätter» und andere Beiträge von Else Lasker-Schüler, doch wirkten diese im wesentlichen auf Künstler, nicht so sehr auf ein größeres Lesepublikum. Was das breitere Publikum von ihr wußte, war aus der freizügig zum Ausdruck gebrachten Erotik in ihrem Werk und den Extravaganzen ihres Lebensstils geschlossen. Ihren Dichtungen stand man verständnislos gegenüber, wie der Prozeß um das Gedicht *Leise sagen* deutlich gezeigt hatte. Sie war also im wesentlichen eine Dichterin für Dichter und Künstler, fand Aufnahme im inneren Zirkel der Wissenden und Beteiligten. Jeder kannte sie zwar, dennoch war sie weder eine populäre Schriftstellerin noch offiziell anerkannt. Als sie 1932 den Kleist-Preis erhielt, war ihre Zeit in Deutschland schon fast abgelaufen, so daß sich diese Ehrung nicht mehr auf ihre Lebensbedingungen auswirken konnte.

Doch wie Klopstock maß sich auch Else Lasker-Schüler, die vom Adel ihrer Persönlichkeit und ihres Werkes zutiefst überzeugt war, einen geradezu fürstlichen Dichterstatus zu. Mehr als eine Linie verbindet sie mit diesem Vorläufer. Auch bei Klopstock finden wir, auf einer anderen historischen Stufe, den Hang vorgebildet, mit dem Material Sprache zu experimentieren: Worte werden durch ungewöhnliche Zusammensetzungen neu gesehen. Auch Klopstock neigt zur verkürzend-komplexen Ausdrucksweise und zu verstärkenden Wiederholungen. Dem auf keinen Vergleichspunkt bezogenen absoluten Komparativ bei ihm entspricht der unmotivierte, weil über das Sagbare hinausgehende Superlativ bei Else Lasker-Schüler.

Beide sind nicht nur wegen der Arbeitsweise miteinander vergleichbar. Auch ihre gesellschaftliche Stellung als Dichter weist Parallelen auf: sie lebten in einer Zeit, in der die Lösung aus veralteten gesellschaftlichen Bindungen gerade für den Künstler schwierig war. Die von beiden zur Schau getragene messianische Haltung, bei der auch durch die Themenwahl (Messias, *Hebräische Balladen*) das fast religiöse Sendungsbewußtsein unterstrichen wird, geriet dabei immer wieder in schmerzlichen Widerspruch zur materiellen Realität. Beide waren ihr Leben lang gezwungen, Bittbriefe an Freunde und Mäzene zu schreiben. Ferner haben sich beide bemüht, als naive, unbewußt schaffende, ja ungebildete Künstler zu erscheinen. Klopstock verwies auf das Inspirationserlebnis, die verzückte Vision, die sich Bahn schaffende Ekstase; Else Lasker-Schüler beugte sich *demütig* vor ihrer *heiligen Erleuchtung*.

Um diese Zeit wurde die Dichterin häufig zu Lesungen eingeladen. Sie hatte schauspielerisches Talent und zeitgenössischen Berichten zufolge auch eine schöne Stimme. Leider sind keine Aufnahmen von ihren Lesungen erhalten. Sie liebte es, bei Kerzenlicht vorzulesen und ihre Worte durch Pochen, Schellengeläut und Rasseln zu untermalen. In der ersten Zeit mit Peter Hille um die Jahrhundertwende berichtete Julius Bab über einen Auftritt im Klub der «Kommenden» im Nollendorf-Ca-

Der Nollendorf-Platz in Berlin

sino: «. . . so tauchen hier . . . einige starke, wahrhaft interessante Naturen auf: so die treue Freundin Peter Hilles, Else Lasker-Schüler mit ihrer wilden, oft bizarren und seltsam gereckten, immer aber ernsten und innerlichen Pathetik.»[178]

1967 veröffentlichte Gerhart Werner seinen Aufsatz «Der schwarze Schwan Israels Else Lasker-Schüler» in der «Allgemeinen unabhängigen jüdischen Wochenzeitung» vom 20. Oktober, in dem er die Reaktion von Publikum und Kritikern auf eine Lesung in der Literarischen Gesellschaft ihrer Heimatstadt am 23. Oktober 1912 schildert: «Schockierend wirkte . . . allein schon ihr kurzgeschnittenes schwarzes Haar, das sie über die linke Gesichtshälfte fallen ließ . . . Ein nachtschwarzes Kleid hatte sie gewählt und wirkte im verdunkelten Saal hinter der kleinen Lampe mit ihren unheimlich glühenden Augen unverkennbar dämonisch.» Ein Rezensent schrieb: «Ihr Gesicht ist von einer orientalischen Sinnlichkeit, ihr Körper hat etwas Schlangenhaftes. Und nun las sie; ihr eigentümlich monoton in gleicher Tonhöhe schwebendes Organ füllte den nur halb besetzten Saal. Grelle Verzückungslaute durchschnitten hier und da diesen eintönigen Fluß ihrer Rede, und oft mündete er in einem schrillen Trompetenstoß, der ein Gedicht jäh und unerwartet abschloß. Das Publikum war starr vor Staunen, bis es sich der Wirklichkeit erinnerte und kopfschüttelnd, lachend und schwatzend da saß oder – verschwand.»

Zwei Jahre später schilderte Wieland Herzfelde die Wirkung Else Lasker-Schülers, nachdem er sie am 24. März 1914 zusammen mit Franz Werfel in der «Frankfurter Loge» gehört hatte: «Plötzlich wurde es dunkel und Frau Lasker-Schüler trat vor die Bühne. Sie hatte ein blaues Seidengewand an. Weite Hosen, silberne Schuhe, eine Art weite Jacke, die

78

Haare wie Seide, tiefschwarz, wild zuweilen, dann wieder sinnlich sanft . . . Jussuf war so ganz Weib, sie war so schön, voller Sinnlichkeit, ich hätte das gar nicht gedacht, da sie schon 38 Jahre alt war.»[179] So schrieb der Achtzehnjährige in sein Tagebuch. Er konnte nicht wissen, daß die Vortragende in Wirklichkeit schon 45 Jahre alt war. Im Tagebuch heißt es weiter: «Und noch mehr erstaunte mich ihr Vortrag. Ich dachte immer, sie spräche sanft, traurig, träumend. Hart, gläsern waren ihre Worte. Wie Metall glühten sie. Niemals bebten sie. Und ganz plötzlich brachen die Gedichte immer ab . . . Das war kein Sprechen, das war Singen, ekstatisch, ewig tönend . . . Man hörte fast nur geschleuderte Vokale, keine Konsonanten. Ein Hiatus nach dem anderen . . . Nur manchmal hörte man unendlich irdisch, traut ein ‹r›, wie das Kichern einer Quelle, ganz kurz, aber unvergeßlich.» Beim Vergleich der beiden Vortragenden Franz Werfel und Else Lasker-Schüler gefiel ihm

Else Lasker-Schüler, 1912

ihre Art besser, da er die Gedichte «wie ein Schauspieler» spiele, während sie sie «im Augenblick des Vortrags neu» mache.

Die mittellose Frau versuchte, mit Lesungen und Beiträgen in literarischen Blättern und Tageszeitungen den Lebensunterhalt für sich und ihr Kind zu bestreiten. Paul war wie die Mutter von anfälliger Gesundheit. So versuchte sie mehrmals, ihn in Landschulen zu geben, wo er sich in gesunder Umgebung erholen konnte. 1909 war er bei einer ihrer Freundinnen in Schloß Drebkau. Eine Zeitlang besuchte er die Odenwaldschule. Doch überstiegen die Ausgaben meistens die Einnahmen. So haben sich die Freunde immer wieder bemüht, die Dichterin zu unterstützen. 1913 erschien auf der «Fackel» Nr. 366/67 ein Spendenaufruf für die «mit schweren Sorgen kämpfende Dichterin», der unter anderen von Selma Lagerlöf, Richard Dehmel, Karl Kraus, Adolf Loos und Arnold Schönberg unterzeichnet war. Diese Aktion brachte mehr als 4000 Mark ein.

Im Jahr der Scheidung von Herwarth Walden lernte Else Lasker-Schüler den jungen Arzt Dr. Gottfried Benn kennen, auf dessen erster

Paul Lasker-Schüler, um 1910

Gedichtband «Morgue» sie einen begeisterten Hymnus schrieb: . . . *grauenvolle Kunstwunder, Todesträumerei, die Kontur annahm. Leiden reißen ihre Rachen auf und verstummen, Kirchhöfe wandeln in die Krankensäle . . . Jeder seiner Verse ein Leopardenbiß, ein Wildtiersprung. Der Knochen ist sein Griffel, mit dem er das Wort auferweckt.*[180] Gottfried Benn erinnerte sich dieser Freundschaft in seiner «Rede auf Else Lasker-Schüler», die er sieben Jahre nach ihrem Tode schrieb: «Es war 1912, als ich sie kennenlernte . . . Sie war klein, damals knabenhaft schlank, hatte pechschwarze Haare, kurz geschnitten, was zu der Zeit noch selten war, große rabenschwarze bewegliche Augen mit einem ausweichenden Blick. Man konnte weder damals noch später mit ihr über die Straße gehen, ohne daß alle Welt stillstand und ihr nachsah: extravagante weite Röcke oder Hosen, unmögliche Obergewänder, Hals und Arme behängt mit auffallendem, unechtem Schmuck . . . Sie aß nie regelmäßig, sie aß sehr wenig, oft lebte sie wochenlang von Nüssen und Obst.»[181]

1913 widmete Gottfried Benn der Freundin sein Gedichtbändchen «Söhne» mit einer Zeile aus ihrem Roman *Mein Herz*: «Else Lasker-Schüler – ziellose Hand aus Spiel und Blut». Die Dichterin hat den viel Jüngeren sehr umworben. Sie nannte ihn *Giselheer*, den *Heiden*, den *Knaben*, den *König*, den *Tiger* und den *Barbaren*. Gottfried Benn wies die leidenschaftlich Verliebte, der er als Freund und Kollege sein Leben lang verbunden blieb, dichterisch zurück mit dem Gedicht: «Hier ist kein Trost», nachdem sie in ihrem Gedicht *Höre* gesagt hatte: *Ich bin dein Wegrand*.

In den Gedichten, die die erste Verliebtheit ausdrücken, überwiegt das Element des Spiels:

O, deine Hände
Sind meine Kinder . . .

Gottfried Benn, um 1910

Giselheer (Gottfried Benn). Zeichnung von Else Lasker-Schüler

Immer spiel ich Soldaten
Mit deinen Fingern . . .

Ich möchte mit dir spielen . . .
Wir spielen König und Prinz. (Giselheer dem Knaben)

Immer drängender wurde die Werbung:

Immer bettle ich vor deiner Seele;
Weißt du das?

Ich will dich ganz zart mich lehren . . . (Giselheer dem Heiden)
Liebe dich so
Du mich auch?
Sag es doch – – – (Giselheer dem König)

O du Süßgeliebter (Palmenlied)
Wie blühte ich gern süß empor
An deinem Herzen himmelblau – (Verinnerlicht)

Aber so viele Rosen blühen,
Die ich dir schenken will . . . (Dem Barbaren)

Und es schließen sich die Klagen an:

Bin doch mit dir verwachsen,
Warum reißt du mich von dir?

Mein Herz liegt bloß,

Mein rot Fahrzeug
Pocht grausig. (Hinter Bäumen berg ich mich)

Rote Küsse malen deine Messer
Auf meine Brust – (Giselheer dem Tiger)
Aber dein Herz läßt keine Meere mehr ein. (Dem Barbaren)

Erfahrungen wie diese, die in dichterisch verschlüsselter Form auch in *Mein Herz* und *Der Malik* ihren Niederschlag gefunden haben, bewogen Else Lasker-Schüler, den in der ersten Auflage 1912 noch dem *Gorilla* Adolf Loos gewidmeten Roman *Mein Herz* in der Neuausgabe des Cassirer Verlages 1920 *Niemandem* mehr zu widmen. Teile dieses Werkes erschienen zunächst unter dem Titel *Briefe nach Norwegen* (1911) im «Sturm». Nicht nur die Briefform dieses Romans mit *Bildern und wirklich lebenden Menschen*, sondern auch die Betonung des Herzens mit seiner schrankenlosen Individualität entspricht dem «Werther». Außerdem hat er einen ebenso dokumentarischen Charakter. Else Lasker-

«In der Nacht meiner tiefsten Not erhob ich mich zum Prinzen von Theben». Zeichnung von Else Lasker-Schüler

Schüler gibt eine teils ernsthafte, teilweise ironische Darstellung ihres Lebens um diese Zeit. Mit streckenweise auftretendem Galgenhumor werden das Auseinanderbrechen der zweiten Ehe, die Bestätigung als Dichterin, das Eintauchen in den Strudel der *kreisenden Weltfabrik* mit seinem Literaturbetrieb, das Café, der Kampf um den nächsten *Abschluß* und die Versuche reflektiert, durch wechselnde Verliebtheiten über Enttäuschungen hinwegzukommen. Die Einbeziehung von zeitgenössischen Ereignissen wie Theateraufführungen, Kunstausstellungen,

Dichterlesungen und politischen Demonstrationen läßt das Berlin jener Jahre kaleidoskopartig erstehen. Der Collage-Charakter des Romans wird durch Besprechungen, Gedichte, Briefe im Brief und Illustrationen mit wechselndem Sprachgestus unterstrichen: manchmal spricht die Autorin im eigenen, manchmal im Bibelton, andere Passagen sind im Reklamestil geschrieben, und schließlich versteckt sie sich hinter der Stimme von Freunden oder Kritikern. Das Herz ist dabei bereits die Bühne der Ereignisse wie in ihrem späten Schauspiel *Ichundich*.

Die Dichterin hat das Herz wiederholt wie ein selbständiges Wesen dargestellt. Das aus der Brust genommene Herz spielt im gesamten Werk eine Rolle. Das kann im positiven Sinne geschehen, wie beim Wunderrabbi, der es wieder nach *Gottosten* stellen kann, oder dem Scheich, der es strömen lassen kann *wie einen bunten Brunnen*. In diesem Sinne schildert sie ihr Herz in dem Essay *Wauer Walden via München usw.* aus ihrem ersten, 1913 erschienenen Essayband: *. . . mein Herz ist blau und glüht. Am Morgen hänge ich es an einen sorglosen Blumenbaum und lasse es zwitschern.*[182] Auch in dem Essay *St. Peter Hille* schildert sie die Bedeutung des Herzens in ihrem Leben: *Das Herz spielte . . . immer eine Hauptrolle in meinem Leben. Ganz jung sah ich es zur maßlosen Besorgnis meiner Mutter am Türpfosten meines Spielzimmers dunkelrot hängen, sekundenlang . . . Zum zweitenmal begegnete ich meinem eigenen Herzen am Tore, durch das der Prophet St. Petron durch den kleinen Garten schritt, an dessen Eingang wir uns zum erstenmal betrachteten.*[183] Und der Malik wirft sein Herz unter seine bunten Menschen; in seiner Krönungsrede bezeichnet er es als einen Garten, einen Weinberg, einen Regenbogen des Friedens, als Strand der Meere, als Ozean, als warmen Tempel.

Dieses Motiv kann aber auch im Sinne des Leidens gesehen werden, wie in dem frühen Gedicht *Sein Blut*, wo das lyrische Ich vom Partner argwöhnt:

> *Am liebsten griff er mein spielendes Herz*
> *Aus wiegendem Lenzhauch*
> *Und hing es auf wo an einem Dornstrauch.*[184]

In diesen Jahren erlebte die Dichterin die Nacht ihrer *tiefsten Not*, starb sie *am Leben* und konnte nur *im Bilde* wieder aufatmen, *erhob sie sich zum Prinzen von Theben*. Neben Zeugnissen tiefster Existenzangst: *. . . o, diese Einsamkeit zwischen gebrochenen Säulen, Bald ist alles zu Tode überschwemmt . . . Ich bin die letzte Nuance von Verlassenheit*, stehen solche dichterischer Selbstüberhebung: *. . . ich kann im Grunde bauen auf mein Herz. Ich habe Vertrauen zu meinen guten und bösen Handlungen . . . ich bin meine einzige unsterbliche Liebe.* Das geht bis zur – wenn auch gleich wieder ironisch zurückgenommenen – Gleichsetzung mit Gott. *Lies noch einmal meinen Brief, Herwarth, der mit den Worten endet: Ich bin das Leben.*[185] Und: *. . . was ich tu, das ist wohlgetan, ich zweifle nie an mir.*[186]

Georg Trakl, um 1912

Der Roman *Mein Herz* zeigt ein Geflecht freundschaftlicher Beziehungen, das sich um die inzwischen bekannte Literatin gebildet hatte. Es gibt kaum eine literarische oder kulturelle Größe unter ihren Zeitgenossen, der sie nicht in ihren *Gesichten* auf den Charaktergrund geschaut hätte. Sie schenkte und widmete ihre Gedichte freigebig, entwidmete sie, einer veränderten Beziehung entsprechend, oder widmete um. Das Gedicht *Wir drei* zum Beispiel wird sich zunächst auf Peter Baum, sie selbst und Herwarth Walden bezogen haben, später gab die Dichterin ihm den Untertitel: *Wieland, ich, Helmut.*

Anfang 1914 traf sie in Berlin Georg Trakl. Er widmete ihr die zweite und die dritte Fassung seines Gedichts «Abendland». Sie schrieb auf ihn ein Gedicht, indem sie den *Spielgefährten* mit Martin Luther verglich: sie nennt seine Gedichte: *Singende Thesen.* Ein Jahr früher begann die Freundschaft mit Franz Marc, der versprach, ihren sehr begabten Sohn Paul, den er zeichnerisch für frühreif hielt, später zu unterrichten. Else Lasker-Schüler hat Paul, der schon als Schüler die Postkarten an seine Mutter stets mit treffsicheren Karikaturen von Lehrern und Nachbarn versah, immer als Wunderkind hingestellt. Von ihm stammt die schöne Profilzeichnung der Mutter auf dem Umschlag des 1932 bei Rowohlt herausgebrachten Bandes *Konzert*, die er im Alter von vierzehn Jahren gezeichnet haben soll. Demnach würde sie also die Mutter um 1913 zeigen.

Franz und Maria Marc luden die Dichterin nach Ried ein. Doch war es ihr dort zu einsam, so daß sie in ein Hotelzimmer nach München zog. Es entstand eine bis zum frühen Tode Franz Marcs währende Freundschaft. Marc sandte ihr seine illustrierten Postkarten, die «Botschaften an den Prinzen Jussuf», und gab eines seiner schönsten Bilder, «Der Traum», auf eine Auktion zugunsten der Freundin. Sie setzte ihm ein literarisches Denkmal in ihrer Kaisergeschichte *Der Malik*. Zu den weiteren Freunden dieser Zeit gehörten Hans Ehrenbaum-Degele, Hans Adalbert von Maltzahn, der langjährige Heimatfreund Peter Baum, Samuel Lublinski, Wieland Herzfelde und sein Bruder, der sich als Künstler John Heartfield nannte, Alfred Döblin, George Grosz, Theodor Däubler, Emmy Hennings. In Prag, wo sie ebenfalls öfter aus ihren Werken las, waren ihr die Freunde Paul Leppin, Franz Werfel und Max Brod kollegial verbunden.

Die Wiener Karl Kraus, Peter Altenberg, Oskar Kokoschka und Adolf Loos erweiterten diesen Kreis, zu dem auch Schauspieler wie die langjährige Freundin Kete Parsenow, die Frau des späteren Verlegers

Franz Marc

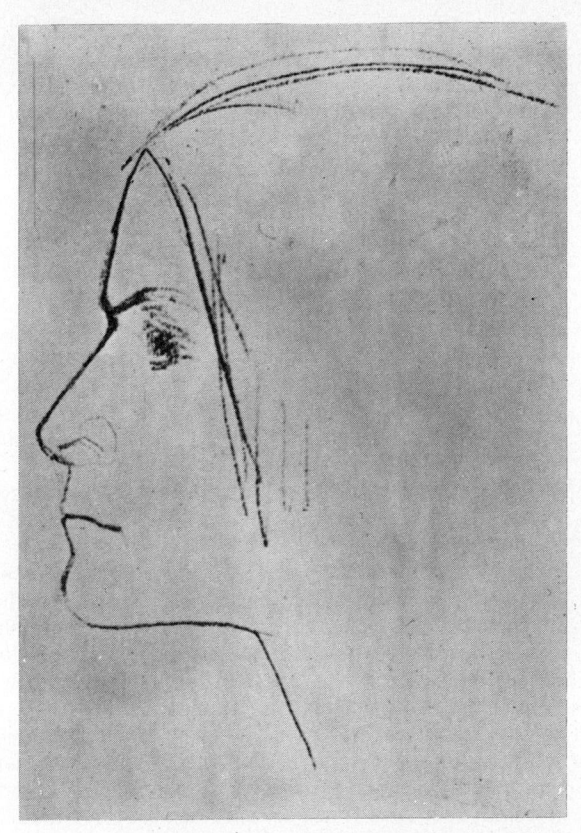

Else Lasker-Schüler: Porträtzeichnung ihres Sohnes Paul, verwendet für den Umschlag des 1932 bei Rowohlt erschienenen Bandes «Konzert»

Paul Cassirer, Tilla Durieux, Paul Wegener und Alfred Döblins Bruder, Hugo Döblin, gehörten. Die Bildhauerin Milly Steger und Maler wie Karl Schmidt-Rottluff, der den Prinzen von Theben für *Mein Herz* zeichnete, Max Pechstein, Otto Pankok, Ludwig Kainer, Egon Adler, Heinrich Campendonk, John Höxter und Fritz Lederer, die neben Franz Marc die verschiedenen Kronen für den *Malik* entwarfen, waren ihr freundschaftlich zugetan.

Der Erste Weltkrieg beendete diesen Lebensabschnitt. Bald entstanden nur noch literarische Epitaphe. Franz Marc, Georg Trakl, Hans Ehrenbaum-Degele und Peter Baum kehrten nicht zurück. Schon kurz vor dem Ausbruch des Krieges hatte Else Lasker-Schüler einen ihrer besonders geliebten Freunde, Sennulf den Kämpfer aus dem *Peter Hille-Buch*, den Anarchisten Johannes Holzmann verloren, den sie – seinen Vornamen umkehrend – Senna Hoy genannt hatte. 1904/05 hatte sie in seiner «Zeitschrift für gesunden Menschenverstand» «Kampf» Gedichte und Erzählungen veröffentlicht. 1917 publizierte sie folgenden, wohl zwei Jahre früher entstandenen Text: *Senna Hoy ging vor zehn Jahren nach Rußland. Er war damals zwanzig Jahre alt. Während der Revolution wurde er in einem Garten gefangen gehalten . . . Auf dem Termin wurden Zeugen, die Senna Hoy angab, nicht zugelassen und er kam vom Rathaus in die Warschauer Festung. Aber bald wurde er in das entsetzliche Gefängnis (Katorga) nach Moskau gebracht, wo er, da er sich stets gegen die Mißhandlungen der Mitgefangenen einsetzte, selbst fast zu Tode gepeinigt wurde. Durch die Hilfe des Leibarztes des Zaren gelang es, Senna Hoy, nachdem er versucht hatte, sich das Leben zu nehmen, in die Gefangenenabteilung des Krankenhauses nach Metscherskoje zu bringen, wo er, der auszog, für die Befreiung gepeinigter Menschen zu kämpfen, selbst erlag, zwischen todkranken, irrsinnigen Gefangenen.*[187]

Da die deutsche Regierung nicht an einer Auslieferung Holzmanns interessiert war, setzte sich Else Lasker-Schüler für den Gefangenen ein. Sie bat Bekannte und Freunde um Unterstützung, doch bekam sie höchstens Geldspenden. Marianne von Werefkin, die verwandtschaftliche Beziehungen zu Mitgliedern der Regierung hatte, half ihr. So konnte sie im November 1913 nach Rußland reisen. Am 7. November 1913 schrieb sie auf einer Postkarte an ihren Sohn in Hellerau bei Dresden: *Gestern sah ich Sascha, denkt mal. Er grüßt dich herzlich. Mein Männeken!*[188]

Johannes Holzmann aber war schon zu geschwächt, jede Hilfe kam zu spät, er starb im April 1914. Nach dem Tode des Freundes hat man die Rußland-Reise Else Lasker-Schülers bezweifelt, ja hinter ihrem Rücken verbreitet, sie habe nur das Geld angenommen. Als sich Franz Pfempfert nach dem Tode Holzmanns in einem langen Artikel in der «Aktion» an die Brust schlug, war Else Lasker-Schüler zu recht verbittert. Pfempfert fluchte dem «Diplomatisieren», dem «Abwarten», dem «Nichtsverderbenwollens», doch erwähnte er nicht, daß sich Else Lasker-Schüler zu helfen bemüht hatte. Im Interesse des toten Freundes, dessen aus dem Gefängnis geschmuggelte Berichte von Franz Pfempfert veröffentlicht wurden, und im Interesse der noch lebenden Leidensgenossen Holzmanns hat Else Lasker-Schüler jedoch nicht öffentlich auf Pfempferts Artikel reagiert, sondern ihrer Enttäuschung nur in einem langen Brief an Karl Kraus vom 16. Mai 1914 Luft gemacht.

> *Seit du begraben liegst auf dem Hügel,*
> *Ist die Erde süß*

schrieb sie, als der Freund zu den *Großengeln* eingegangen war.

> *Sein Leben war ein lyrisches Gedicht,*
> *Die Kriegsballade sein Tod*

sagte sie wenig später zum Tode Hans Ehrenbaum-Degeles, ihres *Tristan*.

> *Und um des Dichters Riesenleib auf dem Soldatenkirchhof*
> *Wächst sanft die Erde pietätvoll*

lauteten die Abschiedsworte für den Freund Peter Baum 1916.

> *Georg Trakl erlag im Krieg von eigener Hand gefällt*
> *So einsam war es in der Welt. Ich hatt ihn lieb*

heißt es zum Tode des sehr verehrten Freundes, und der Tod Franz Marcs ließ sie an die *Geschichte im Talmud denken*, die ihr *ein Priester erzählte: wie Gott mit den Menschen vor dem zerstörten Tempel stand und weinte*[189].

Im ersten Kriegsjahr erschien auch das Geschichtenbuch *Der Prinz von Theben*, in dem einige der später weiter ausgeführten Motive der Dichtung Else Lasker-Schülers in früher Form auftauchen. In *Der Scheik* finden wir die beiden Oberhirten verschiedener Religionen, die

Bildnis des Dichters Peter Baum von Oskar Kokoschka, 1910

über ihren Glauben diskutieren und bezeichnenderweise auch miteinander spielen. Der Urgroßvater ist hier nicht der Jude, sondern ein Mohammedaner. Doch auch er hat 23 Söhne. Und der jüngste Sohn, Schû, der Großvater der Erzählenden, war *Geschichtsschreiber und erhielt der Nachwelt in Bildern und Sternen, was die zwei Bärtigen miteinander sprachen*[190]. Vergleicht man diese Stellen mit den späteren Arthur Aronymus-Dichtungen, erhält man einen Einblick in die Arbeitsweise Else Lasker-Schülers. Vorgegeben sind hier die Geschichte der beiden Oberhirten, ihre Freundschaft, ihre Streitgespräche, das Motiv des Wiedergebens einer überlieferten Geschichte, das des Jüngsten als Künstler (Dichter). Diese formelhaft fixierten Motive setzte die Dichterin ein, wo immer sie ihr passend erschienen. Es machte ihr dabei nichts aus, Personen oder Generationen zu vertauschen. Eigene Erlebnisse dienten als Veranschaulichungsmaterial für Gehörtes. Zur Charakterisierung des urgroßväterlichen Scheiks diente dabei offensichtlich der Vater, dessen Bild man unschwer in dem ungeduldigen, sich manchmal wie ein *unerzogener Knabe* benehmenden Scheich mit dem Wände erschütternden Lachen erkennen kann.

Das Motiv des gespaltenen Ichs ist hier ebenfalls vorgeformt. Die Ich-Erzählerin der Geschichten ist immer noch Tino, die Prinzessin aus Bagdad. Zugleich ist die Autorin aber auch in der Gestalt des Prinzen von Theben enthalten, der in dem Er-Erzählungs-Abschnitt des Buches *Abigail der Dritte* als Jussuf auftritt. Dies ist die früheste Form in der Prosa Else Lasker-Schülers, in der die Erzählende sich selbst betrachtet. Das Motiv der Teilung erscheint zudem noch einmal, sich nur auf die Erzählerin selbst beziehend, in der Geschichte *Der Fakir*, in der es heißt: *Der Streif über meinem Kinn zieht sich durch meinen ganzen Körper, teilt ihn in zwei Hälften.*[191]

Ähnlich wie das *Massenlustspiel*, der *Liebesroman Mein Herz* ist auch die erst 1919 erschienene, aber während des Krieges entstandene Kaisergeschichte *Der Malik* ein *Maskenstreich*, in dem nicht nur wieder die Dichterin, ihre Freunde und Bekannten in unterschiedlichen Masken auftreten, sondern auch literarische Gestalten wie Karl Moor, Grimms Bäuerlein, der «Grüne Heinrich» und Hutten auftauchen und Zeiten und Schauplätze bunt gemischt sind. Andererseits ist der Roman auch eine Art Fortsetzung der Geschichten des Prinzen von Theben. Die Ereignisse des Ersten Weltkriegs schlagen sich hier literarisch nieder, ebenso werden die Argumente der Freunde für und wider den Krieg – der Malik verkündet feierlich, daß er nicht mit in den Krieg ziehen wird – verdichtet. Auch die Meinungsverschiedenheiten mit Franz Marc (Bruder Ruben) und ihrem Sohn (dem *jüngeren Bruder* Bulus) über das *abendländische Grau* und die *Waffenspiele* sowie die Reise nach Moskau (*fromme Reise*, um den Prinzen Sascha von Moskau zu befreien) sind hier literarisch verarbeitet. Die Beziehungen zu Freunden, Maskenbälle und die «Hofhaltung» im Café mit Eifersüchteleien, Kritikerplänkeleien und Ohrfeigen sind dichterisch verwertet.

Wie der Malik den Freund in Rußland getroffen hat, schildern folgende Passage: – *Bewacht von einer Anzahl Kosaken im obersten Gewölbe des russischen Towers zu Metscherskoje fand der Malik den Freund. Der gefangene, heilige Feldherr richtete sich sterbend von seinem Lager auf, als er Jussuf erblickte . . . Aber ein verblutendes Morgenrot überzog zum letzten Male das wundervolle Antlitz Saschas, und Jussuf Abigail, der weinende Malik, schämte sich über den kleinen Splitter Gefahr, der er sich ausgesetzt hatte.*[192]

Die Ereignisse nach der Rückkehr und die Enttäuschung über die Haltung des Kreises um Pfempfert sind wie folgt geschildert: *Als die Leute in Theben ihren Malik und seine Häuptlinge kommen sahen, hißten sie schmeichelnde Trauerfahnen auf ihren Dächern, warfen sich zu Boden und verhüllten ihre Gesichte.* Der weinend in seinem Palast sitzende Malik schlägt jedoch *launisch die Einladung des Ramsenith von Gibon aus . . . Dieser schöne, eitle König fühlte sich persönlich . . . getroffen und kündigte dem Malik die freundschaftlichen Beziehungen seines Lan-*

Selbstporträt von Else Lasker-Schüler

Else Lasker-Schüler während des Ersten Weltkriegs

*des, darin sich Abigail der künstlerischen Bestrebungen wegen gerne auf-
hielt.*[193]

Der Malik ist bei alldem ein Kaiser, der in seiner bunten Stadt Herr
über lauter Kaiser sein möchte. Mit seinem *bunt Volk* muß *man gold
und lila sein, nicht schwarz, weiß, ziegelrot, das sind zu harte Farben*[194].
An Eduard Korrodi schreibt Else Lasker-Schüler um diese Zeit· *Aus der
unabsehbaren Trübe möchten viele Menschen in die Schweiz kommen
und daß die Tanzsucht ausbrach und in Berlin und Umgebung epide-
misch zunimmt, gerade im lahmgelegtesten Land ist weiter nichts anders,
als die natürliche Sehnsucht, eigener Bangigkeit zu entkommen . . .*[195]
Das Barbarische, Primitive des Krieges drückt sie im *Malik* wie im Kor-

odi-Brief aus, indem sie von Tanzwut, Bumerangs und Speeren spricht. Zugleich ist aber der Streit der Primitiven wiederum als positives Gegenbild gesehen, der Nasenring dem abendländischen Grau entgegengesetzt: die Kämpfe der Primitiven sind *verständlich, sie sind organisch und menschlich und sozusagen wild aufgewachsen*, wie es ebenfalls im Korrodi-Brief heißt.

Auch hier wieder ist das Motiv des Auseinandertretens der Dichterpersönlichkeit für die Erzählhaltung bestimmend. Einerseits ist die Erzählerin der Malik der Er-Erzählung, unterstrichen durch den Bekenntnischarakter der Krönungsrede und der Briefe des Anfangs, die die Ich-Form durchbrechen läßt, andererseits ist sie die diese Gestalt betrachtende Dichterin in ihrem *kleinen Kämmerlein hoch in einem Turme*, in dem man nicht nur Else Lasker-Schülers Mansardenzimmer in ihrem Berliner Hotel erkennen kann, sondern auch den *großen Malikturm* im bunten Theben, zu dem die *Krieger unzählige Stufen der Treppen in die Himmelshöhe* steigen müssen.

Das Ich-und-Ich-Motiv – von jüngeren Autoren immer häufiger verwendet – darf als Else Lasker-Schülers Beitrag zur modernen Erzähltechnik gesehen werden. Sie läßt das Erzähl-Ich nicht durch narrative Techniken wie den inneren Monolog oder die erlebte Rede durchscheinen, sondern spaltet es in Erzählerin und Erzählgegenstand auf. Die Form wird höchst kompliziert durch das Buntgewürfelte von Erzählung und brieflicher oder wie direkt gesprochener Aussage, die sich auf mehreren Sprachebenen vollzieht. Die Diktion wirkt oft geradezu dilettantisch, enthüllt sich bei näherer Betrachtung jedoch meist als sehr überlegte und komplexe Aussage. In Else Lasker-Schülers ungewöhnlichen Zusammensetzungen und bei ihren «Denksprüngen» wirkt der semantiche Gehalt eines Wortes mit allen Konnotationen seines Feldes mit, so daß die Sprache häufig eine geradezu schillernde Qualität annimmt. Die Dichterin war sprachbesessen, wie vor allem ihr letztes Schauspiel zeigt.

So haben wir auch in diesem Roman wieder wie beim «Werther» die äußerste Individualisierung der beschriebenen Vorgänge. In beiden Werken ist der reale Todeswunsch auf eine literarische Figur übertragen worden, der Selbstmord also literarisch vollzogen. Anders als bei Goethe aber, der ja als «Herausgeber» scheinbar ganz hinter seiner fiktiven Gestalt verschwindet, womit er erreicht, daß er sich um so unbedenklicher in sie hineinversetzen kann, treten hier Erzählerin und literarische Figur am Ende explizit ironisch auseinander. Der besondere Reiz dieses Verfahrens liegt in diesem Spiel mit unterschiedlichen Realitätsebenen. Die *abendländische Dichterin* erscheint der schlummernden literarischen Gestalt nur im Traum, ein Beispiel für die theoretische Behauptung in *Mein Herz . . . ich bin immer im Bilde . . . Ich sehe also aus dem Bilde das Leben an; was nehm ich ernster von beiden?*[196]. Der Wunsch nach Vereinigung der beiden «Hälftenteile» ist aber in diesen Darstellungen immer mit enthalten, ja geradezu Ausdruck der Ursehnsucht. Denn die eben zitierte Frage beantwortet die Dichterin gleich mit: *Beides*. Allgemein ausgesprochen hat Else Lasker-Schüler diese Sehnsucht in ihrer

Prosaskizze *Das Gebet*, in der sie dieses als *eine Konzentration . . . Ich und Ich* bezeichnet und ausführt: *Tausendfältig verzwiefachte der Schöpfer das Tier und die Pflanze schon auf dem Plan der Schöpfung. Den Menschen aber brach er, geschaffen, ins leuchtende Welteden gestellt, in zwei Hälften. Und so drängt es den Menschen, sich immer zu teilen, um sich wiederzufinden.*[197]

1913 erschienen auch die *Hebräischen Balladen*, die Else Lasker Schülers Ruf als jüdische Dichterin weiter festigten. Zu einem der schönsten Gedichte dieses Bandes, *Jakob*, bemerkt sie später in ihren schon erwähnten Essay *Das Gebet*: *Im Rausch der Dichtung wird wohl jeder Dichter einmal zum Heiden – auch ich, als ich mein Gedicht «Jakob» dichtete:*

> *Jakob war der Büffel seiner Herde,*
> *Wenn er stampfte mit den Hufen,*
> *Sprühte unter ihm die Erde.*
>
> *Brüllend ließ er die gescheckten Brüder,*
> *Rannte in den Urwald, an die Flüsse,*
> *Stillte dort das Blut der Affenbisse.*
>
> *Durch die müden Schmerzen in den Knöcheln*
> *Sank er fiebernd vor dem Himmel nieder.*
> *– Und sein Ochsgesicht erschuf das Lächeln.*[198]

. . . Es steht in der Kabbala . . . «Wenn der Stier lächelt, wird das Lamm geboren.» Diese Offenbarung vergewaltigte mich in Vers. Eitelkeit kommt hier nicht in Frage, und ich beteure, nie im Leben vor meiner hebräischen Ballade «Jakob» je in der Kabbala gelesen zu haben, noch vor ihrem Inhalt gewußt durch Hörensagen. Ich beuge mich demütig vor meiner heiligen Erleuchtung.[199] Else Lasker-Schüler nährte den Eindruck ihre Dichtung steige auf geheimnisvolle Weise aus ihrem Blute auf, es dichte gleichsam aus ihr heraus. Doch wurde ihr gerade das «Feilen» an ihren Dichtungen schon von den frühen Freunden zum Vorwurf gemacht. So schrieb Peter Hille nach 1900: «An Aescha, Assalaum, Mahommet's Weib – Salem Aleikum! Gestern erregte Debatte um Dich. Flaum[200] gegen Peter Baum und mich: Du seiest nur Talent . . . Er brachte vor Dein Feilen.»[201]

Wie sich Else Lasker-Schüler in den letzten Kriegsjahren fühlte, geht aus den noch unveröffentlichten Briefen an den blinden westfälischen Schriftsteller Adolf von Hatzfeld hervor, die in der Stadt- und Landesbibliothek in Dortmund liegen. Die meisten dieser Briefe sind undatiert doch kann man aus dem Inhalt und einigen Datierungen entnehmen daß sie in den Jahren 1917 bis 1930 geschrieben wurden. 1917 schreibt sie: *Mein lieber Dichter und feiner Prinz In der Ecke rechts zeichne ich meine Mondsichel mit dem Stern, ich will Ihnen nur Glück bringen. Unermüdlich habe ich nur geschrieben und nachts sauste ich wie ein Bumerank durch die Straßen, über die Plätze genau wie die hölzerne Mondsichelwaffe denn ich kam immer wieder zurück.* Wie viele andere Freunde beschwört sie auch ihn, nach Berlin zu ziehen: *Wie schön wäre es, Sie wohnten auch in Berlin hier im Westen, dann käme ich oft im Sternenmantel und goldenen Schuhen und wir sprächen lauter Wunder miteinander.*

Trotz gelegentlicher Hinweise auf Veröffentlichungen in der «Aktion» oder der «Neuen Jugend» überwiegt in diesen Briefen der Ton der Trauer und des Gehetztseins.

In einem Brief schreibt sie an den *lieben Prinz: Oben am Anfang steht der Mond und leuchtet ganz blau wie er nur denen scheint, die die Nacht herbeisehnen wie den Frieden nach all dem Lärm. Ich bin so müde also ich kann gar nicht mehr. Ich bin so entmutigt nirgends ein Ausweg. Unter allen Banditen sitz ich manchmal wo am Strand und niemand merkt, daß ich fern bin, weiß selbst nicht wo.* Ein anderes Mal heißt es: *Ich will keinem Menschen mehr Gutes sagen ich will Homuncullus werden, ich will alles verbrennen diese Erde mit der . . . Nüchternheit mit aller gekauften Liebe, ich habe an Liebe geglaubt . . . Jeder Mensch hat mit mir gespielt aus Neugierde aus Amusement aus Berechnung aus Zeitvertreib . . . Ich weine oft, ich bin müde, ich bin ohne Strand, ich bin haltlos, verkommen in meinem Herzen – verwirrt, verdorben und lange schon gestorben. So ist*

Bühnenbild von Heinz Stern zur «Wupper»: «Im Arbeiterviertel» (1919)

Paul Lasker-Schüler, etwa 26 Jahre alt

es. Die innere Ruhelosigkeit kommt darin zum Ausdruck, daß immer wieder Vögel in die Briefe gezeichnet sind, ein Zeichen für ihren Wunsch, den Schwierigkeiten zu entfliehen. Doch kann das Bild wörtlich nur zur Umschreibung der Ausweglosigkeit verwendet werden: . . . *ich flattere wie ein Vogel hin und her (ein gezeichneter Vogel) manchmal sitze ich wo auf dem Fenstersimms vor dem Fenster einer reichen Haremsdame; es ist zu traurig wenn ich schreiben wollte – Brocken suchen. Und dafür die Zehen eingeknickt bekomme.*

Aus diesen Mitteilungen an Hatzfeld geht übrigens auch hervor, daß sie weiterhin Vortragsreisen unternahm. Eine davon hat sie in dieser Zeit nach Dresden, Leipzig und Gera geführt, eine andere offensichtlich nach Köln, Darmstadt und in die Schweiz. Inzwischen hatte sie sich fest eingenistet in ihrem Dachzimmerchen im Hotel «Koschel» in der vom Nollendorf-Platz ausgehenden Motzstraße. Sie empfiehlt das Hotel auch dem Freund mit dem Hinweis darauf, daß ihr Zimmer *schön* sei und mit Heizung und heißem Wasser 5,50 Mark koste.

Die Klagen werfen ein Licht auf die wirtschaftliche Situation der Dichterin in diesen Jahren, in denen sie sich bemühte, ihre Manuskripte an den Verleger zu bringen und ihr Schauspiel aufgeführt zu sehen. So mag ihr das Jahr 1919 in mancher Hinsicht neue Hoffnungen gegeben haben. In diesem Jahr begann Paul Cassirer ihre Werke neu herauszubringen. 1919 erschienen: das *Peter Hille-Buch, Der Malik, Die Nächte der Tino von Bagdad, Die Wupper.* Im April wurde *Die Wupper* endlich am Deutschen Theater uraufgeführt. Wie diese Inszenierung auf die offizielle Presse wirkte, geht etwa aus der Besprechung der «Vossischen Zeitung» vom 28. April 1919 hervor, in der es heißt: «... auf der Bühne standen wunderliche Kreaturen vor Kulissen in verwegenen ‹Sturm›farben.»

Über Else Lasker-Schülers Sohn Paul, der zu dieser Zeit in Wien lebte, schrieb später eine Schweizer Bekannte, Frau Gertrud Schottländer, in einem Brief vom 12. Februar 1969 an den in Jerusalem lebenden Schriftsteller und Journalisten Erich Gottgetreu: «Mein sel. Mann war einmal auf einer Durchreise eine Stunde in Wien. Er wußte nichts zu tun, ging in ein Kaffee. Als ein blasser, aufgeschossener, schüchterner Jüngling zu ihm trat, eine große Handzeichnung scheu vor ihn schob: Mein Mann, der ein großer Kenner und Sammler war, entdeckte die

Romanisches Café in Berlin

Karl Kraus, 1913

Unterschrift des Blattes und fragte ihn: ‹Sind Sie der Sohn von Else Lasker?›, was er bejahte. – Nun legte P. ihm auch die and. Zeichn. vor und er kaufte ihm so die 9 Zeichnungen ab . . . und Paul verabschiedete sich.»

Immer wieder verwendete sich Else Lasker-Schüler für ihren Sohn, von dessen Fähigkeiten sie zutiefst überzeugt war. Er besaß eine besondere Begabung für die Karikatur. Wenn Paul zu Hause war, nahm die Mutter ihn manchmal mit ins Café. Vertrat Grete Fischer in ihrem Erinnerungsbuch[202] die Meinung, Paul Lasker-Schüler hätte lieber eine bürgerliche Mutter gehabt, so bezeugt die Dichterin selbst: *Ich klagte ihm: «Wäre ich doch lieber eine einfache bürgerliche Mutter mit Haus und Herd!» Dann sagte er jedesmal dieselben zwei Worte: «Nur nicht!» . . .*[203] Pauls wegen kam es zum endgültigen Bruch mit Karl Kraus, dem sie nicht verzeihen konnte, daß er ihren Sohn, den sie mit den Worten charakterisiert hatte: *Er ist ja gar nicht raffiniert, er ist ja keine Spur intelli-*

gent, er ist ganz künstlerisch[204], in Wien nicht zu sich kommen ließ. Sie beendete die für sie so wichtige, langjährige Freundschaft mit dem berühmt gewordenen Satz: *Ich aber sage Ihnen: was wären Sie, wenn Sie inniger wären.*[205]

1920 erschienen im Cassirer Verlag die weiteren Bände der insgesamt zehnbändigen Ausgabe: *Mein Herz, Gedichte, Essays, Der Prinz von Theben* sowie die Gedichte in zwei Bänden: *Hebräische Balladen – Der Gedichte erster Teil* und *Die Kuppel – Der Gedichte zweiter Teil*. 1921 wurde die kleine Geschichte *Der Wunderrabbiner von Barcelona* veröffentlicht, in der Else Lasker-Schüler ihre Familienlegende in dichterischer Form weiter ausbaut.

1924 reiste die Dichterin nach Venedig, der Stadt ihrer Mutter und Peter Hilles, wo sie sich am 6. September mit Tauben auf dem Markusplatz fotografieren ließ.

Eines ihrer schönsten Bücher, das beiden Seiten ihrer Begabung voll Rechnung trug, kam 1923 im Querschnitt-Verlag Alfred Flechtheims

Zeichnung aus dem Band «Theben»
von Else Lasker-Schüler

Else Lasker-Schüler in Venedig, 1924

heraus, der kostbare Band *Theben*, in dem jeweils eines ihrer schönsten Gedichte einer entsprechenden Zeichnung gegenübergestellt ist. Hier zeigt sich, welch enge Beziehungen sowohl ikonographisch als auch formal bei ihr zwischen Wort und Bild bestehen.

Da die Dichterin trotz der vielen Veröffentlichungen weiterhin in ständigen Geldnöten war, vor allem auch, weil sich der Gesundheitszustand ihres an Lungentuberkulose erkrankten Sohnes verschlechterte, so daß er sich in Sanatorien aufhalten mußte, argwöhnte sie mißtrauisch, daß ihre Verleger sie übervorteilten. In der Pose Christi, der die Wechsler aus dem Tempel vertreibt, gab sie 1925 die Streitschrift *Ich räume auf! Meine Anklage gegen meine Verleger* im Selbstverlag heraus. Hier behauptet die Arme, *Verkaufte*, Verlassene ihren dichterischen Adel ge-

Charlotte Bara

genüber dem Geldadel der Verleger und untermauert die mythische Familiengeschichte auf beiden Seiten ihrer Herkunft.

In diesen Jahren besuchte sie mehrfach die Schweiz, vor allem Ascona, wo ihre Jugendfreundin Elvira Bachrach mit ihrem Mann und ihrer Tochter Charlotte Bara im Castello San Materno lebte. Unter Verwendung ägyptischer und indischer Elemente hatte die Ausdruckstänzerin Charlotte Bara eine Art religiösen Kulttanz entwickelt. Curt Riess erinnerte sich in «Ascona – Geschichte des seltsamsten Dorfes der Welt» an die Erscheinung Else Lasker-Schülers in diesen Jahren: «Eine Freundin (der Werefkin) war die deutsche Dichterin Else Lasker-Schüler. Die war klein und von hexenhaftem Aussehen, aber man vergaß das, sobald sie zu sprechen begann . . . Man vergaß es auch, wenn man ihre herrlichen Gedichte las. Aber wer las sie schon? Wer kaufte sie? Ihre Freunde waren zu arm dazu . . . Else Lasker-Schüler war im Krieg nach Zürich gekommen und von dort nach Ascona gegangen, vor allem ihres kleinen

Karikatur Else Lasker-Schülers von Olaf Gulbransson, 1925

Lucie Mannheim und Richard Volk in der
Fehling-Inszenierung von 1927

Sohnes wegen, der schwer lungenleidend war. Sie brachte ihn in ein teures Sanatorium im Tessin. Wovon sie das bezahlte, wurde nie ganz klar. Wovon sie lebte, war ebenfalls unklar. Manchmal hungerte sie.»[206] Diese Darstellung entspricht etwa der Karikatur, in der Olaf Gulbransson 1925 die kapriziöse kleine Literatin einer pompösen «Lockenundame» gegenüberstellte.

Die Neuaufführung der *Wupper* im Oktober 1927 am Staatstheater in Berlin unter der Regie von Jürgen Fehling war schon ganz überschattet vom Todeskampf des geliebten Sohnes. Trotz der ständigen Sorge und aller Opfer für den Sohn verschlechterte sich der Zustand des Kranken so sehr, daß sie ihn schließlich nach Berlin holte, das Atelier des be-

PAUL ZECH

TERZINEN FÜR THINO

VERLAG DIE RABENPRESSE

BERLIN 1932

freundeten Bildhauers Jussuf Abbu mietete und Tag und Nacht bei dem Todkranken wachte. Paul Lasker-Schüler starb am 14. Dezember 1927. Sigismund von Radecki berichtete über den Tod Pauls, offensichtlich nach Erzählungen der Mutter: «In seinem Krankenzimmer war ein Vorhang, der den größeren Raum mit dem Bett abtrennte. Die Mutter umgab den Kranken mit aller liebenden Pflege und suchte ihm Hoffnung zu machen. Einmal unterbrach er sie fast schreiend: ‹Was hilft das alles – ich weiß, ich muß doch sterben!› Daraus sprach eine grenzenlose Verzweiflung. Als er fühlte, daß es jetzt ans Sterben ging, gab er der Mutter ein Zeichen, hinter den Vorhang zu treten; er wollte allein sterben. Gehorsam trat sie hinter den Vorhang und wartete dort den Tod ihres Sohnes ab.»[207]

Wie schlecht die Lage Else Lasker-Schülers in dieser Zeit war, geht aus der Besprechung der *Wupper*-Aufführung am Staatstheater von Felix Hollaender im 2. Beiblatt des «Acht-Uhr-Abend-Blattes» der «Na-

Paul Zech. Tuschpinselzeichnung von Ludwig Meidner

tionalzeitung» vom 17. Oktober 1927 hervor, in der es heißt: «Den Schiller-Preis für Else Lasker-Schüler! Und an Kleistens 150. Geburtstag ein Ruf an die Nation – an alle Freunde der Kunst, die allerärmste, die allerreichste Dichterin deutscher Sprache in ihrer Not nicht versinken zu lassen.»

Durch die schreckliche Angst um den Sohn verdüsterte sich auch das Gemüt der Dichterin immer mehr. In einem Brief vom 11. Juli 1927 an Paul Goldscheider bezeichnet sie sich *als geprügelt an Leib und Seele, gerissenes Seidenpapier*; und am 24. September heißt es: ... *meine Augen scheuen schon* und *Ich frage nicht mehr*. Im gleichen Brief erzählt sie: ... *vor einigen Tagen nahm ich meinen herrlichen Indianerhut mit den schönen geschenkten Federn und der prachtvollen Helliotropfeder aus dem Schrank und setzte ihn auf – und als ich mich vom Spiegel umdrehte, schrie das Zimmer laut vor Erregung.* [208]

Auch Thomas Mann sprach Else Lasker-Schüler sein Mitgefühl aus

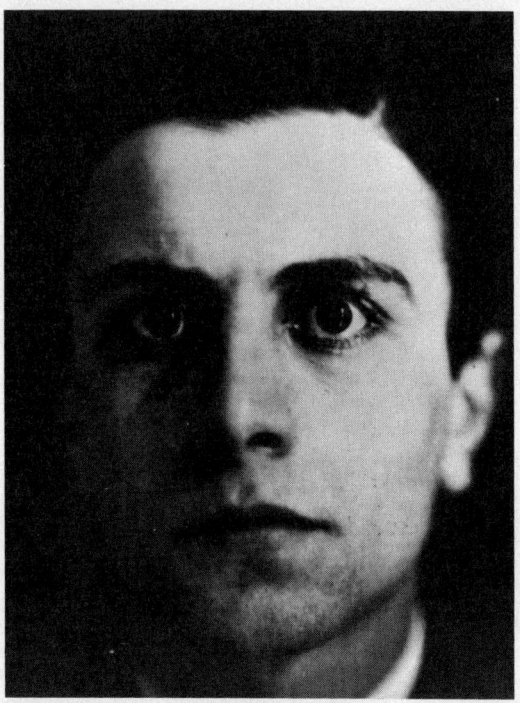

Das letzte Foto von Paul Lasker-Schüler

und sicherte ihr in einem Brief vom 18. Januar 1928 zu, sich wegen eines Ehren-Budgets für sie zu verwenden: «. . . ich . . . werde den von Ihnen gewünschten Schritt sofort tun, d. h., an die preußische Akademie, Sektion für Dichtkunst, schreiben, daß sie den Kultusminister an dieses Vorhaben erinnern und ihn darin bestärken möge . . .»

Paul Zech, der alte Wupperfreund, schrieb auf sie seine «Terzinen für Thino».

Gottfried Benn widmete ihr 1931 den Text des von Paul Hindemith vertonten Oratoriums «Das Unaufhörliche» mit den Worten: «Else Lasker-Schüler, dem großen lyrischen Genie in freundschaftlicher Verehrung.»[209]

Als die Dichterin 1932 den Kleist-Preis für den «überzeitlichen Wert ihrer Verse, der den ewiggültigen Schöpfungen unserer größten deutschen Meister ebenbürtig ist»[210], erhielt, sandte Benn das Jubel-Telegramm: «der kleistpreis so oft geschändet sowohl durch die verleiher wie durch die praemierten wurde wieder geadelt durch die verleihung an sie ein glueckwunsch der deutschen dichtung gottfried benn».[211] Der «Völkische Beobachter» war allerdings ganz anderer Meinung als Benn. Im zweiten Beiblatt zur 323. Ausgabe vom 18. November 1932 stand zu lesen: «Die Tochter eines Beduinenscheichs[212] erhielt den Kleistpreis!» Und im Text heißt es: «Der diesjährige Herausgeber Kleistpreisträger Erich Ziegel gestattete sich die Herausforderung, neben Billinger eben-erwähnte ‹Rose vom Libanon› dem deutschen Parnaß einzureihen . . . Wir meinen, daß die rein hebräische Poesie der Else Lasker-Schüler uns Deutsche gar nichts angeht und empfehlen Herrn Ziegel, zu der erwähn-ten ‹kleinen›, aber zweifellos jüdischen ‹Gemeinde› überzutreten, was ja gerade ihm nicht schwerfallen dürfte, einem der vorbildlichsten Träger marxistisch-jüdischer Systemkultur. Hat er doch in den Hamburger Kammerspielen immer wacker für Dekadenz und Perversitäten ge-stritten . . .»

Else Lasker-Schüler, 1932

Die Verscheuchte

Zürich

Am 19. April 1933 reiste Else Lasker-Schüler in die Schweiz. Sie fühlte sich in Deutschland nicht mehr sicher. Im April 1933 schrieb sie an ihre Freundin Hulda Pankok: *Ich hatte beide Hände halb erfroren und voll von Rissen, da ich ja erste Tage am See unter einem Baum versteckt schlief.*[213] Im Sommer 1933 ging sie nach Ascona. 1927 hatte Paul Bachrach, der Vater von Charlotte Bara, für seine Tochter ein Privattheater bauen lassen. Hier, im Teatro San Materno, las die Emigrantin wiederholt aus ihren Dichtungen.

In den Akten der Züricher Fremdenpolizei hat sich der Kampf Else Lasker-Schülers, in der Schweiz ein endgültiges Domizil zu finden, niedergeschlagen. Die als «Hotelaufenthalterin», «Rubrikatin», «Gesuchstellerin», «Petentin» und «Obgenannte» figurierende Emigrantin wurde ständig von Polizeispitzeln aufgesucht. Der amtliche Terminus für den angestrebten Status lautete «Duldung», der Grund für die Angst der Behörden war die Gefahr der «Überfremdung»; vor allem aber fürchtete man, sie würde auf die Dauer der öffentlichen Wohlfahrt zur Last fallen. Andererseits erlaubte man ihr nicht, einem Erwerb nachzugehen. Eines der rührendsten Dokumente dieser Zeit ist die «Fremdenpolizeiliche Weisung», mit der sich Else Lasker-Schüler am 15. November 1933 verpflichten mußte, ihren Beruf, den sie natürlich mit «*Dichterin*» angegeben hatte, nicht auszuüben, da sie sonst «administrative Maßregelung zu gewärtigen» habe. So war die Emigrantin gezwungen, ständig hin und her zu reisen, um eine neue Aufenthaltsgenehmigung zu bekommen.

Unterstützt wurde sie vor allem von Silvain Guggenheim, der sich auch den Behörden gegenüber stets für sie verbürgte. Klaus Mann veröffentlichte Gedichte in seiner im Querido Verlag in Amsterdam erscheinenden Emigrantenzeitschrift «Die Sammlung». Auch kamen er, seine Schwester Erika und sein Vater zu den Lesungen Else Lasker-Schülers, für die diese jeweils eine behördliche Genehmigung brauchte. Sie warnte die Geschwister, politisches Kabarett zu machen, da sie sich damit der Gefahr der Ausweisung aussetzten und ihre *beiden Dichter: Heinrich Mann und Ihren mir immer so charmanten Vater schädigen könnten.*[214] Jacob Job vermittelte Lesungen im Rundfunk. Das in Alex-

Ascona: Teatro San Materno

andria lebende griechische Ehepaar Pilavachi lud Else Lasker-Schüler 1934 zu sich ein.

So reiste die Dichterin im März 1934 über Alexandria zum erstenmal nach Palästina. Aus Jerusalem berichtete sie an Ernst Ginsberg: *Unsäglich! Nicht zu schildern an Verwunderung und Handlung und Meer und Dunkelheit. Hier: Herrliches Bibelland, Karrawanen fortwährend am Balcon vorbei: ganz anders wie man sich vorstellt. Aber schwer.*[215] Auch an Klaus Mann schrieb sie: *Hier großartige Bibel. War in Bethlehem, kaufte den Kindern: Bonbons. Reise heute Tram: Jericho. War im Garten Gethsemane, war Straße nach Emaus, sah Absaloms, David Sohns Grabmal.*[216] *War Tel Aviv. Reise Jordan – Colonien ein Wunder. Verrostet Gestein alles, brauner Himmel mit gelber Borde und lila Fransen.*[217] An die Nichte Edda heißt es: *Hier war mein Gedichtvortrag rührend direkt mit lauter Kerzen . . . Morgen per Tram 1 ½ Stunde durch die Wüste über Jaffa nebenan alle Völker der Erde – unaussprechlich. Tel Aviv wie Goldgräberstadt: Mexico und Meer.*[218]

111

Klaus und Erika Mann

Im Juli kehrte sie dann zurück in die Schweiz. Der Buchhändler Hans Bolliger erinnert sich dieser Zeit im Leben der Dichterin, mit der er ein Jahr lang freundschaftlich verbunden war: «Von Mai 1934 bis April 1935 arbeitete ich als Volontär in der Buchhandlung Dr. Oprecht & Helbling in Zürich. Kaum ein Flüchtling, der Schriftsteller war und aus Deutschland oder Österreich flüchtete, der diese Buchhandlung nicht aufsuchte, um dort . . . Rat und Hilfe zu suchen. Eines Tages erschien . . . auch Else Lasker-Schüler. Sie schaute mich durchdringend an und sagte dann ‹Sie gleichen so sehr meinem Sohn Paul. Wir müssen uns wiedersehen!› Ich war damals 19 Jahre alt. Die . . . Bekanntschaft dauerte bis Mitte 1935. Wir sahen uns während dieses Jahres oft. Wöchentlich gingen wir mindestens einmal ins Kino, wo Else sich geborgen fühlte. Oft trafen wir uns in der spanischen Weinstube . . . in der Münstergasse, die von Else Lasker-Schüler ‹Muskatellerstube› genannt wurde oder wir verabredeten uns in dem damals neu eröffneten ‹Cafe Select› am Limmatquai . . . Ihr Aufzug war ja sehr farbig und entsprach weder punkto Sauberkeit noch punkto Zusammenstellung der Farben und Kleidungsstücke bürgerlichen Maßstäben, und natürlich wurde sie dementsprechend angestarrt. Meist zog sie mich in eine versteckte Ecke, wo sie ganz klein und zusammengekauert ihren süßen spanischen Wein beziehungsweise ihren Kaffee nippte. Sie sprach leise und erregt und wußte immer viel zu erzählen ... Wenn sie von jemandem allzu eingehend angestarrt wurde, konnte sie sehr aggressiv werden und sagte dann meist laut hörbar zu mir ‹Sehen Sie, schon wieder so ein Gestapospitzel, der mich verfolgt!› ... So zischte sie einmal den halb erblindeten Lyriker Paul Adolf Brenner an ... der Else Lasker-Schüler aus seinen dicken Brillengläsern anstarrte, und es brauchte meine ganze Überredungskunst, um ihr die Unschuld Paul Adolf Brenners zu beweisen und ihn als begabten Lyriker und großen Bewunderer der Dichterin vorzustellen.»[219]

Der Nachlaßverwalter der Dichterin in Jerusalem, Manfred Sturmann, bestätigt diese Darstellung durch die Erinnerung, daß Else Lasker-Schüler auch ihn, als er sich ihr freundschaftlich näherte, als Spion verdächtigt habe. Und einer der Spitzel der Züricher Fremdenpolizei berichtete 1937, daß die Ehefrau des Inhabers vom Hotel «Seehof», Zürich, Schifflände 28, die Ansicht geäußert habe, daß «sich bei der Lasker bereits Anzeichen von Verfolgungswahn bemerkbar» machten. Auch glaubte er einem Brief der «Genannten an den Bundesrat» entnehmen zu können, «daß die Rubrikatin einen geistigen Defekt aufweisen dürfte».

Man darf dabei nicht vergessen, daß Else Lasker-Schüler älter war, als sie sich gab, daß sie Schweres hinter sich hatte, daß sie, sobald sich ein Ausblick von Hoffnung zu eröffnen schien, immer wieder durch persönliche Enttäuschungen, finanzielle Rückschläge oder politische Ereignisse aus der Bahn geworfen wurde. Ihr Mißtrauen und ihre Ängste waren daher keineswegs unbegründet, sondern sehr verständlich.

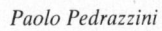
Paolo Pedrazzini

Daß Else Lasker-Schüler darüber hinaus die Fähigkeit behielt, sich leidenschaftlich wie ein junges Mädchen zu verlieben, zeigt der Brief, den sie am 29. August 1935 an Pater Guardian Diego da Melano schrieb. Sie schildert ihm darin ihre Liebe zu einem gutaussehenden jungen Mann namens Paolo Pedrazzini, den sie in ihrer bekannten Art zum Dogen erhob. Dies ist übrigens einer der wenigen Fälle in Else Lasker-Schülers Leben, in denen der Geliebte nicht auch eine bekannte oder berühmte Persönlichkeit war.

Im Jahre 1937 erschien im Verlag Oprecht in Zürich nach vergeblichen Versuchen, es bei Schocken in New York unterzubringen, das Buch über die Palästina-Reise des Jahres 1934 *Das Hebräerland*, wiederum eine Kombination aus Erlebtem, Erinnertem und Lebens- und Herkunftslegende – zwei Jahre *im Gewölbe des Herzens* gereift. Es wurde von vielen Kritikern – und Kritiken erschienen in fast allen europäischen Ländern sowie in Palästina – gerügt, da man das Bemühen um die Rettung eines Bildes zu deutlich spürte, an das die Autorin selbst nicht so recht glaubte. Besonders hart fielen die Kritiken natürlich bei den Exilblättern des Ostens aus. So meinte der Kritiker in «Das Wort»: «In diesem Buch ist die Autorin keine Dichterin. Denn billigte man ihr schon, da sie ein gar so liebenswerter Mensch ist, das Vorrecht zu, in dieser unserer Zeit unpolitisch zu sein, und weiß man auch, daß sie von ökonomischen Dingen gar nichts versteht – aber an aller und jeglicher Wirklichkeit vorbeigehen, das kann kein Dichter. Der biblische Josef war vielleicht ein großer Träumer, aber wirklichkeitsfremd war dieser erste und beispiellos gebliebene Organisator eines Weltgetreidepools nicht.»[220] Und in «Internationale Literatur» hieß es: «Eine Verspieltheit, die ihre bunten Eindrücke wie in einer Schürze einsammelt und kaleidoskopartig durcheinanderschüttelt, mag sehr reizvoll sein – aber man verspielt nicht sein bestes Dichterrecht, das Recht auf Haß und Abscheu für den Unterdrücker.»[221]

Besonders hart wurde natürlich die Duce-Schwärmerei Else Lasker-Schülers verurteilt. Auf dem italienischen Schiff, mit dem sie reiste, gab es nämlich regelmäßige Filmvorführungen, zu denen die begeisterte *Kinontiterin*, wie sie sich selber nannte, immer ging, um einen Clark Gable-Liebesfilm und den jugendlichen Duce in der Revue zu sehen. Hans Bolliger gegenüber hat Else Lasker-Schüler behauptet, bei ihrer ersten Reise nach Palästina sei sie von Mussolini in Rom empfangen worden und sie hätte auf seinem Arbeitstisch ihre gesammelten Werke gesehen. Auch Heinrich Mann hatte Else Lasker-Schüler dieses «Erlebnis» wohl mitgeteilt, der ihr jedoch in einem Brief vom 23. Oktober 1937 aus Nizza riet: «Bücher von mir selbst durften bisher noch in italienischer Ausgabe erscheinen. Das ist viel, und es vermehrt meine Kenntnis des Mächtigen. Politisch aber – sollen wir selbst die Macht erobern. Ich rate Ihnen . . . behalten sie Ihr wunderliches und schönes Erlebnis für sich.»

In diesen Jahren hörte sie wieder von ihrem alten Freund aus Elberfelder und Berliner Tagen, Paul Zech, der ihr seine Gedichte «Fabrikstädte an der Wupper» gewidmet hatte. Zech lebte verbittert in Buenos

Titelblatt zum «Hebräerland», Zeichnung von Else Lasker-Schüler

Aires. Er freute sich, daß die Freundin noch Gelegenheit zu Veröffent-lichungen hatte. Die Stimmung vieler Emigranten kommt in seinen Worten zum Ausdruck: «Ich fürchte, wir werden ewig an den Wassern Babylons weinen müssen und in unseren Harfen wird ein Heulen sein bis zum Ende.»[222]

Dezember 1936 wird das Stück *Arthur Aronymus und seine Väter*, das sie im Anschluß an die 1932 bei Rowohlt veröffentlichte *Geschichte meines Vaters* geschrieben hatte, am Schauspielhaus Zürich uraufgeführt, wovon Else Lasker-Schüler sich eine Verbesserung ihrer finanziellen Verhältnisse versprach. Ihre Freude drückt sie dem Freund Ernst Gins-berg, der als Schauspieler an der Aufführung mitgewirkt hatte, in einem Brief vom 24. Dezember 1936 mit den Worten aus: *Was soll ich sagen... Unerhört war es gestern, unerhört! Es prangte die Bühne.*[223] Doch wurde das Schauspiel schon nach zwei Aufführungen vom Spielplan abgesetzt. Leopold Lindtberg, der Regisseur, berichtete 1968 anläßlich der Wiederaufführung des Stücks in Wuppertal, daß neben «politischen Gründen» ein «privater Krach» zwischen Else Lasker-Schüler und der «Frau des Schauspielhaus-Direktors» für die Absetzung ausschlaggebend gewesen sei. Im Nachlaßarchiv in Jerusalem wird eine kreuz und quer beschriebene, offenbar nie abgesandte Postkarte Else Lasker-Schülers an die Frau des Schauspielhaus-Direktors, Marianne Rieser, eine Schwester Franz Werfels, aufbewahrt, auf der die Dichterin ausdrücklich versichert, daß sie der Adressatin keine Schuld an der Absetzung gebe.[224]

Als es in einer Kritik geheißen hatte: «Es hätte nicht dieses Winkens mit dem Holzschlegel bedurft, um sich Aufmerksamkeit zu verschaffen . . .»[225] griff die Autorin zur Feder und schrieb an die «Neue Zürcher Zeitung»: *Begreife aber nicht, wie ein Kritiker meinem Schauspiel, weiß gedeckt, ein aufrührerisches Tafeltuch zu unterlegen vermag.* Sie führt weiter aus: *Fern liegt es mir, mich etwa zu rühmen, mich nie politisch betätigt zu haben, weiß ich auch gewiß . . . nie wäre es mir eingefallen, mich im Gastlande politisch zu betätigen . . . Die Kritik hat mich überschätzt. Ich bin nur eine Dichterin . . .*[226] Das Thema der Judenverfolgung erschien im neutralen Gastland wohl zu heikel, wenn auch die Tendenz des Stücks ganz auf Versöhnung gestimmt ist.

1937 wurde die Dichterin eingeladen, mit dem italienischen Dampfer «Lloyd Triestino» wieder nach Palästina zu reisen. Am 16. Juni 1937 kam sie in Jerusalem an, wo sie im alten Hotel «Vienna» wohnte. Schalom Ben-Chorin erinnerte sich 1945 dieser Begegnung: «Ein müder Mensch, dessen Antlitz von zerstörter Schönheit zeugt und in dessen großen schwarzen Sulamith-Augen der Wahnsinn aufloderte, saß mir gegenüber . . . Ich wurde stark an wahrsagende Zigeunerinnen erinnert, ja dieser Eindruck wurde durch die exzentrische Kleidung der Frau – Pelzmütze im drückend heißen Sommer und übergroße korallrote Ohrringe – noch erhöht.»[227]

Für ihre Dichterlesung schrieb Else Lasker-Schüler selbst die Plakate und hängte sie in den Buchhandlungen aus. Über diese Lesung berichtete Ben-Chorin: «Alles Müde, Zerstreute, Gehetzte war von Else Lasker-Schüler gewichen. In einer husarenhaft verschnürten, schwarzen Samtjacke saß sie in königlicher Würde am Vortragspult . . . und sprach mit großer Feierlichkeit . . . Sie las . . . oft begleitet von einem Glöckchen und einer Kinderorgel.»[228] Doch trotz aller Fürsorge und Unterstützung durch Freunde in Jerusalem verließ die von Unruhe Getriebene Palästina bald wieder. Sie hoffte auf eine Aufführung des Schauspiels *Die Wupper* am Züricher Schauspielhaus, doch wurde auch dieses Ende des Jahres vom Spielplan wieder abgesetzt.

So zog sich die tief Enttäuschte in ihr Zimmerchen im Hotel «Seehof» an der Schifflände zurück, wo sie – sich immer mehr in die Vergangenheit versenkend – begann, ihre *Tagebuchzeilen aus Zürich* zu schreiben, wenn sie nicht ins Kino ging oder sich mit den wenigen verbliebenen Freunden im «Café Select» traf. Das «Café Select» war ihr die *Urenkeltochter des Romanischen Cafés. Bäche fließen aus meinen Augen, überkommt mich die Sehnsucht, nach euch, meine unvergeßlichen Indianer-*

Else Lasker-Schüler, um 1937

freunde und Indianerfreundinnen und unserem romanischen Kraal. Oder: *Lullende Radiomusik wiegt unsere Emigration leise ein.* Und *Unentwegter Müßiggang mit Traurigkeit vermischt, ergiebt Geduld.* Auch schildert sie die Erfolglosigkeit ihres so viel besprochenen Buches: *. . . nach zweijährigem Erscheinen meiner neuesten Produktion, mein Hebräerland . . . immer noch dasselbe erste Exemplar in der Auslage des Bücherladens meines Verlegers ausgestellt.* Und etwas später heißt es: *Meine Fensterpromenaden vor dem Schaufenster der mir wahlverwandt gewordenen Buchhandlung . . . habe ich eingestellt.*

Daß auch das berühmte späte Gedicht *Mein blaues Klaiver* von einem ganz konkreten Objekt seinen Ausgang nahm, geht etwa aus den folgenden Zeilen hervor: *Ich sitze wieder in meinem Kinderzimmer, es hat nicht gealtert . . . Ich besitze alle meine Spielsachen von früher noch, auch*

117

mein blaues Puppenklavier. Und es folgt eine aus der Erinnerung niedergeschriebene Version des Gedichts.

Die Sehnsucht nach der verlorenen Heimat wird wieder im Bild des *glitzernden Ostereis* gefaßt, das nun das oft so liebevoll gemalte Bild des Elternhauses verändert zeigt: *Doch lieber Leser . . . überkam mich die Sehnsucht mit meinen Augen durch das kleine Guckloch meines glitzernden Osterherzens zu schauen. Statt eines lieblichen friedlichen Bildes ich eine Verwüstung erblickte. Alle die guten Feen waren umgefallen . . . und der schimmernde papierene Rosenstrauch geknickt . . .* Hier ist zugleich ausgedrückt, daß das Bild des Elternhauses nur eine dichterische Vision ist. Der Rosenstrauch ist aus Papier, besteht nur auf dem Papier. In der gleichen ironisch gebrochenen Weise umschreibt sie ihre Dichterexistenz mit den Worten: *Und ich danke meinem Horoskop, ich unter einem glitzernden goldenen Papierstern geboren bin.*

Die Überlagerung verschiedener Realitätsebenen bei Else Lasker-Schüler geht sicher auf Einflüsse des Films zurück. Da es ihr nichts ausmachte, sich zu ihrer lückenhaften Bildung zu bekennen, besaß sie von Anfang an nicht das Vorurteil des Bildungsbürgers gegenüber diesem neuen Medium. In den *Tagebuchzeilen* heißt es:

> *. . . das Gros der Leute ist mir zu gescheit*
> *ein jeder Cowboy bringt sie in Verlegenheit*
> *viel lieber ist mir du bist primitiv,*
> *vom chaise die pièce zu bewerten*
> *denn die von Bücherweisheit übernährten*
> *sind für das Cinema nicht reif!*

So zeigt das folgende Zitat das für Else Lasker-Schüler charakteristische Spiel mit unterschiedlichen Ebenen der Realität: *Doch zuweilen lasse ich – Dichten dichten sein, und schöpfe Luft im Park auf der Filmseide eines Films.*

Zwei Textstellen in den *Tagebuchzeilen aus Zürich* weisen auf das große Alterswerk, das späte Schauspiel *IchundIch.* Schon in zwei Aufsätzen aus den zwanziger Jahren hatte Else Lasker-Schüler die Potenzierung des Spielbegriffs – ähnlich wie beim tanzenden Tanz – im Bilde des spielenden Theaters gegeben. In *Das Theater* schreibt sie: *Zunächst vergesse das Theater seine Jugend nicht! Es war auch einmal ganz klein, spielte mit seinem ersten Balken. Das kann ich so nachfühlen, gewissermaßen bin ich nämlich ebenfalls ein Theater . . .*[229] Und wenig später bezeichnet sie sich als *eine lebendige Bühne.* Da das Herz bei Else Lasker-Schüler stets als selbständiger Teil gesehen ist, sieht sie sich im Brief an den Intendanten Leopold Jessner *auf* ihres *Herzens Bühne* stehen. Und in Zürich schreibt sie den gleichen Gedanken nieder: *. . . Gerne spiel ich ab und zu auf der Bühne meines Herzens zwischen schimmernden Gedanken und Coulissen mir auf Leib und Seele geschriebene Märchenrollen. Am sehnlichsten: Den kleinen Däumling . . .* Hier spricht Else Lasker-Schüler nicht nur den für sie so typischen Wunsch aus, besonders klein zu sein, sondern dieses Märchenmotiv – das nebenbei natürlich auch wieder auf den bevorrechtigten Jüngsten weist – verbildlicht die verschiedenen Realitätsebenen durch Unterschiede in der Dimension, ein Verfahren, das eigentlich erst mit den Mitteln des Films zu realisieren war.

Auch das Motiv der Ich-Spaltung taucht hier wieder auf. Die Dichterin, die in der Phantasie durch die *einzig schöne Bahnhofstraße* wandelt, durch die lieben Gäßchen am See und dann von der Tramstation Belle-Vue in zirka drei Minuten ihre *altbewährte Klause* erreicht, hat plötzlich folgende Vision: *Ich sah mich doch am Fenster sitzend dichten – – – – –* und fährt mit dem ihr eigenen Galgenhumor fort:

> *Ich sah sehr angegriffen aus.*
> *Mein zweites Ich hockt viel zu viel zu Haus.*

Auch in ihrer späten Lyrik fand Else Lasker-Schüler einen Ausdruck für das Los der Emigration:

> *Die Verscheuchte*
>
> *Es ist der Tag im Nebel völlig eingehüllt,*
> *Entseelt begegnen alle Welten sich –*
> *Kaum hingezeichnet wie auf einem Schattenbild.*
>
> *Wie lange war kein Herz zu meinem mild . . .*
> *Die Welt erkaltete, der Mensch verblich.*
> *– Komm bete mit mir – denn Gott tröstet mich.*
>
> *Wo weilt der Odem, der aus meinem Leben wich?*
> *Ich streife heimatlos zusammen mit dem Wild*
> *Durch bleiche Zeiten träumend – ja ich liebte dich . . .*
>
> *Wo soll ich hin, wenn kalt der Nordstern brüllt?*
> *Die scheuen Tiere aus der Landschaft wagen sich*
> *Und ich vor deine Tür, ein Bündel Wegerich.*
>
> *Bald haben Tränen alle Himmel weggespült,*
> *An deren Kelchen Dichter ihren Durst gestillt –*
> *Auch du und ich.*[230]

Obgleich die Trauer auch hier ins Kosmische ausgeweitet ist, fehlt dem Gedicht doch ganz das Enigmatische der frühen Lyrik.

Jerusalem

Im April 1939 reiste Else Lasker-Schüler zum drittenmal nach Palästina. Sie mußte wohl die Schweiz für drei Monate verlassen, um erneut eine Aufenthaltsgenehmigung zu bekommen. Jedenfalls plante sie, nur ein *paar Monate* in Palästina zu bleiben. Durch den Ausbruch des Krieges wurde jedoch die Hoffnung auf eine Rückkehr in die Schweiz zunichte gemacht.

Zunächst wohnte sie wieder im Hotel «Vienna», später zog sie in ein Zimmer um. Noch immer umgab sie sich mit Spielsachen, bewahrte sie Glanzbilder auf, verschenkte sie Bonbons an Kinder. Doch war sie auch erneut produktiv. 1940 berichtete sie Margarete Kestenberg, sie habe ein neues Stück geschrieben. Da der Winter 1940/41 sehr kalt war, fror die Dichterin so, daß ihr das Schreiben auf der Maschine große Mühe bereitete. Im November 1941 schrieb sie an Samuel Wassermann: *Ich bin so unruhig einer Sache wegen, da das Schauspiel kaum zu lesen, viele Akte fast unmöglich.* Margarete Kupper nimmt an, daß das hier erwähnte Manuskript das im Nachlaßarchiv der Nationalbibliothek in Jerusalem aufbewahrte Typoskript der *theatralischen Tragödie IchundIch* ist. Erich Gottgetreu berichtete: «Mitte Juli 1941 las sie das praktisch unaufführbare Werk zum ersten Mal im Berger-Club in Jerusalem einem von ihr persönlich eingeladenen Freundeskreis vor.» Auf der Einladung zu dieser Lesung bezeichnete die Dichterin das Stück als «aus dem Manuskript ihres zweiten Palästinabuches» stammend. Dieses Werk, das den Titel *Tiberias* tragen sollte, kam nicht zustande. Auch wurde *IchundIch* nicht, wie Else Lasker-Schüler gehofft hatte, veröffentlicht, vielmehr entschied sich der Verleger 1943 für das schmale Gedichtbändchen *Mein blaues Klaiver*, das nur in einer Auflage von 330 Exemplaren erschien. Werner Kraft, der den Nachlaßband der *Gesammelten Werke* im Kösel Verlag herausgab, konnte sich nicht zu einem Abdruck des gesamten Schauspiels entschließen, da der Nachlaßverwalter auch von Ernst Ginsberg gebeten worden war, «im Interesse des . . . unzerstörten Bildes der Lasker von einer Veröffentlichung dieses Stückes abzusehen»[231]. Die Zurückhaltung gegenüber diesem Stück war wahrscheinlich auf den Zustand des Manuskripts zurückzuführen. Auch hatte Else Lasker-Schüler selbst das Stück schon in der vorliegenden Form als *unmöglich* bezeichnet. Die alte Frau hätte Hilfe gebraucht; die Niederschrift war in ihrem Alter eine zu große Belastung. Auch hatte sich bei ihr eine Sehschwäche eingestellt.

Aus der seit 1970 vorliegenden skizzenhaften Gestalt dieser *theatralischen Tragödie* geht hervor, daß es sich um den großartigen Entwurf einer Konzeptkunst auf dem Theater handelt. Sie umfaßt wie bei den früheren *Maskenstreichen* Räume und Zeiten, nun jedoch klar ausgesprochen vor dem Hintergrund der tagespolitischen Ereignisse. Die Dichterin übernimmt dabei die Rolle des Schöpfers; auf ihrer *Herzensbühne* spielen sich die imaginierten Vorgänge ab. In diesem *unbegrenzten Traum* des Dichters figurieren neben der Dichterin reale und fiktive Ge-

stalten, ein Arzt, ein Redakteur, Max Reinhardt, die Ritz Brothers, biblische Könige, der Baal, die Nazigrößen und Gestalten aus dem «Faust». Im Vorspiel ist die Dichterin auf dem Gang zum Theater, der erste Akt stellt eine Freilicht-Theaterprobe im Gehinnomtal außerhalb der Altstadtmauer in der Nähe der Zitadelle von Jerusalem dar, der zweite spielt im Speisesaal des Höllenpalastes, der vierte und fünfte auf einer Terrasse über dem Höllenpark und der sechste im Garten eines Augenarztes in Jerusalem. Auch die Schauplätze sind also zum Teil real, zum Teil fiktiv. Ferner arbeitet die Autorin auch hier wieder mit Zitaten, eigenen und fremden, und spricht mit vielen unterschiedlichen Stimmen. Heinz Thiel hat ausgeführt, daß unter dem «doppelten Blick»

Garten des Augenarztes Dr. Abraham Ticho in Jerusalem. Schauplatz des 6. Aktes von «Ichundich»

Else Lasker-Schülers jedes Ding sich wieder in zwei Seiten spalte, so daß sich ständig Digressionen und Assoziationsketten ergeben.[232] So ist zum Beispiel Faust, der ja schon eine Abspaltung des IchundIchs Faust/Mephisto ist, zugleich eine Abspaltung des IchundIchs Goethe/Faust. Schöpfer und Geschöpf sind also wiederum als die beiden Teile eines IchundIchs gesehen, Erzähler und Erzählgegenstand in einer Person zusammengefaßt.

Hans Rudolf Hilty verglich Else Lasker-Schülers Herzensbühne mit Max Frischs Bühne des Bewußtseins. Auch er findet jedoch, das Stück sei weniger spielbar als vielmehr «zur Erhellung der dichterischen Persönlichkeit der Else Lasker-Schüler»[233] wichtig. Ähnlich wie bei August Stramm, dessen Hinweise in Briefen an Herwarth Walden auf ihm «unfertig», «unwertig», «stümperhaft» Erscheinendes in seinen Gedichten das literaturwissenschaftliche Urteil über diese Gedichte bis heute bestimmen, werden auch die durch Else Lasker-Schülers eigenes Unbehagen an der vorliegenden Form ihres letzten Stücks entstandenen Vorurteile beharrlich in der Lasker-Schüler-Literatur weitergeschleppt.

Wie Thomas Mann setzte Else Lasker-Schüler das klassische Thema der deutschen Literaturgeschichte, den «Faust», vor den Hintergrund der zeitgenössischen politischen Tragödie Deutschlands. Das klassische Thema der zwei Seelen in einer Brust diente dabei als Ausgangspunkt für das moderne Thema der Ichspaltung. Doch ist auch dieses schon bei Goethe vorgegeben und diente auch bei ihm schon der Wiederfindung des Ichs, der erneuten Vereinigung von Ich und Ich. Nach dem Abschied von Friederike Brion schildert Goethe in «Dichtung und Wahrheit» folgendes Erlebnis: «Nun ritt ich auf dem Fußpfade gegen Drusenheim, und da überfiel mich eine der sonderbarsten Ahnungen. Ich sah nämlich, nicht mit den Augen des Leibes, sondern des Geistes, mich mir selbst, denselben Weg, zu Pferde wieder entgegen kommen . . .» Und abschließend heißt es: «Es mag sich übrigens mit diesen Dingen wie es will verhalten, das wunderliche Trugbild gab mir in jenen Augenblicken des Scheidens einige Beruhigung. Der Schmerz, das herrliche Elsaß . . . auf immer zu verlassen, war gemildert, und ich fand mich . . . auf einer friedlichen und erheiternden Reise so ziemlich wieder.»[234]

Auf diese Stelle nimmt Else Lasker-Schüler in *IchundIch* zweimal Bezug, indem sie wiederum Faust für Goethe setzt: Am Ende des ersten Aktes bemerkt Max Reinhardt, es sei bekannt, daß *reitend Herre Faust auf einem schwarzundweiß-gescheckten Hengst sich entgegenkam*[235]. Bei der zweiten Erwähnung spaltet sich das Ich und Ich Goethe–Faust weiter auf in: Goethe–Faust–Mephisto.

Auch Thomas Mann hat sich im «Dr. Faustus» gleichsam in Erzähler und Erzählgegenstand aufgespalten. Er sagte dazu: «Man hat auch gesagt, ich hätte mich in dem Werke zweigeteilt und der Erzähler sowohl wie der Held hätten etwas von mir.»[236] Gerhard Walter Frey bezeichnete in seinem Flaubert-Buch dieses Verfahren des Autors, sich in seine Gestalten aufzuspalten, als Impersonalität: «Impersonalität bedeutet das Entdecken der vielfältigen Empfindungs- und Ausdrucksmöglichkeiten des künstlerischen Individuums, das sich von sich selbst (durch die Gestalten) zu sich selbst befreit und sich durch die anderen immer zu sich selbst verwandelt. Der Schriftsteller wird sein eigener Dramatiker, Bildhauer und Schauspieler.»[237]

Margarete Kupper setzte in ihrem Kommentar zur vollständigen Ausgabe des Stücks in einem Diagramm alle Figuren des Dramas als zusammengehörige Hälftenteile zueinander in Beziehung. Zugleich ist aber jede Gestalt auch wieder ein Doppelbildnis (Faust ist Goethe, Mephisto ist Goebbels usw.). Es handelt sich sozusagen um eine Kernspaltung des Ichs. Das Ich spaltet sich bei jeder neuen Begegnung. Wenn die Spaltung einmal begonnen hat, setzt sie sich unendlich fort. In anderer Form ist dieses Motiv ausgedrückt in dem von Peter Hille geprägten Bild der entzweigegangenen Welt Else Lasker-Schülers. Enthält die ursprüngliche Formulierung im: ent-zwei-gegangen noch den ersten Schritt der Spaltung, die Teilung in zwei Hälften, so wandelte die Autorin selbst dieses Zitat bei der Wiederaufnahme dieses Bildes in einem der letzten Briefe von *Mein Herz* in bezeichnendem Sinne ab: . . . *vergiß wie ich nicht den Propheten Sankt Peter Hille, er schrieb voraus: Mir brach die Welt in Splitter.* Auch hier haben wir das Motiv der Teilung, die zur weiteren Aufsplitterung führt. Diese Welt ist das Ich des Dichters.

Die zu Papier gebrachte Welt spielt sich dabei auf der Bühne des Her-

Else Lasker-Schüler. Zeichnung von Miron Sima

zens ab, und zugleich steht die Dichterin selbst auf ihres Herzens Bühne. Wie gesagt glaubte die Autorin an die wirklichkeitsverändernde Macht der Kunst.

Gertrud Schottländer erinnerte sich in einem Brief an Erich Gottgetreu, daß die Dichterin ihr gegenüber geäußert habe, sie müsse wohl selbst das notwendige Attentat auf Hitler ausführen, da es sonst niemand täte. Gertrud Schottländers Einwand, welche Auswirkungen ein solches Attentat auf die in Hitlers Macht befindlichen Juden haben könnte, soll die Dichterin zu betroffenem Schweigen veranlaßt haben.[238] So vollzog sie das Attentat literarisch. Daß dieses Konzept für die Anlage des Stücks ausschlaggebend war, geht auch aus der Tatsache hervor, daß der Pariser Attentäter Grünspan, der 1938 das deutsche Botschaftsmitglied Rath erschoß, im zweiten Akt in die Hölle gebracht wird: *. . . ein Knäblein . . . Es kommt mit seinem armen abrasierten Kopf im Arm und hofft, daß sich der Satan sein erbarm!* Und Faust bemerkt be-

roffen: Gott gab ihm Kraft zur mutigen Tat! Von selber heilgen Kraft, die «Er» dem Großpropheten im Egypterland gegeben hat.[239] Verwandlung des Lebens in Kunst und Verwandlung des Lebens durch die Kunst war Else Lasker-Schülers Bestreben. Was Gisela Dischner über Bettina von Arnim sagte – mit der Else Lasker-Schüler wiederholt verglichen wurde und die auch in *IchundIch* erwähnt wird – gilt auch für den Prinzen von Theben: «Das ist Romantisierung, sichtbare Verwandlung des Lebens in Kunst mit dem Anspruch der Synthese von Leben und Kunst.»[240]

Für eine Inszenierung des Stücks wünschte sich Else Lasker-Schüler den Einsatz filmischer Mittel. Vielleicht eignet es sich für eine Verfilmung am ehesten, da es in vieler Hinsicht die Möglichkeiten des Theaters sprengt.

Als alte Frau verliebte sich Else Lasker-Schüler noch einmal leidenschaftlich. Gertrud Schottländer hatte sie in Zürich ins Ivrith eingeführt und dazu deutsche Nachschöpfungen der Gedichte Chajim Nachman Bialiks (1873–1934) von dem Dichter und Religionsphilosophen Ernst Simon benutzt, die sie in einer kleinen Schocken-Ausgabe besaß. Gertrud Schottländer mußte die Gedichte immer wieder in Deutsch und Ivrith vortragen. So verliebte Else Lasker-Schüler sich zuerst in diese Verse, ehe sie sich in deren Übersetzer verliebte. Sie sandte Ernst Simon Briefe und widmete ihm Gedichte. Mit großem Zartgefühl hat Simon in einem Brief vom 15. August 1941 die Unterschiede ihrer Lebensauffassungen deutlich gemacht und dabei zugleich noch einmal eine sehr treffende Charakteristik dieser ungewöhnlichen Frau gegeben. Er schrieb: «Sie machen den heroischen wie tragischen Versuch, Ihr Dichtertum zu leben . . .» Und er fährt fort: «. . . wir leben in verschiedenen Zeiten. Sie in der Ihren, eigenen . . . aber ich lebe . . . auch, und nach außen vor allem, in der kühlen Hautoberfläche der Berührung mit fremdem Leben. Bei Ihnen aber ist Herz und Haut eines – das macht Sie so groß und Ihr Leben, heute, so schwer.»[241]

1941 gründete Else Lasker-Schüler ihren «Kraal», einen von Freunden unterstützten literarischen Veranstaltungsring. Sie schrieb eigenhändig die Einladungen zu den «Kraal»-Abenden und trug sie meistens auch selbst ins Haus der Geladenen. Im Juli 1941 las sie aus ihrem Schauspiel *IchundIch*. Am 29. Dezember 1941 las Martin Buber unveröffentlichte Geschichten vom Berdizewer Rabbi. Zu den Rednern des «Kraal» gehörten Persönlichkeiten wie Kurt Wilhelm, Recha Freyer, Gerson Stern, Werner Kraft, Gershon Swet, der Redakteur des «Haarez», der auch in *IchundIch* auftritt, Ernst Simon und Erich Gottgetreu. Zu dieser Zeit erhielt Else Lasker-Schüler regelmäßige Bezüge von der Deutschen Abteilung der Jewish Agency, der obersten jüdischen Behörde Palästinas, und vom Institut Schocken. Sie besuchte immer noch gern das Café, in Jerusalem das «Café Sichel». Fotografieren ließ sie sich nicht mehr. Schalom Ben-Chorin zeichnete sie aus dem Gedächtnis nach einem Besuch in seinem Haus. Noch immer las sie bei Kerzenschein ihre Gedichte in den Häusern ihrer Freunde, wie sich Frau Trude Dotan, die Tochter von Leopold und Grete Krakauer, erinnert. Leopold Krakauer

Schalom Ben-Chorin

schuf den Grabstein Else Lasker-Schülers, Grete Krakauer die Totenmaske. Von Miron Sima stammt die letzte Zeichnung ihres äußeren Erscheinungsbildes. Seine Zeichnungen wirken wie Illustrationen zu Franz Werfels Beschreibung der Prophetin Hulda in seinem Jeremias-Roman: «Hulda war eine kleine verwitterte Frau. Sie schwankte, wenn sie über die Straße ging, wie eine Betrunkene und pflegte mit sich selbst zu murmeln und zu hadern. Ihre Kleidung war ungewöhnlich wie sie selbst. Auf dem Kopf trug sie kein Tuch wie andere Frauen, sondern eine breite Fellmütze und zu allen Stunden klirrenden Schmuck, der wertlos war.»[242]

1943 erschien der letzte Gedichtband *Mein blaues Klavier*, in dem dieses lyrikfremde Instrument, Requisit des gründerzeitlichen Salons, mit der Farbe der Blume der Dichtung in Zusammenhang gebracht wird, eine ironisch-spätzeitliche Klage um die verlorene Heimat, die verlorene Jugend, die gebrochene Arbeitskraft, die dennoch *phantastisch ergreift*:

> *Ich habe zu Hause ein blaues Klavier*
> *Und kenne doch keine Note,*
>
> *Es steht im Dunkel der Kellertür,*
> *Seitdem die Welt verrohte.*

Es spielen Sternenhände vier
– Die Mondfrau sang im Boote –
Nun tanzen die Ratten im Geklirr.

Zerbrochen ist die Klaviatür . . . . .
Ich beweine die blaue Tote.

Ach liebe Engel öffnet mir
– Ich aß vom bitteren Brote –
Mir lebend schon die Himmelstür –
Auch wider dem Verbote.[243]

Im Sommer 1944 muß Else Lasker-Schüler schon sehr krank gewesen sein, da ihre Freunde in Haifa, Sally und Sina Großhut, die Dichterin in einem Brief vom 14. Juli 1944 bitten, am 12. August nach Haifa zu kommen und am 13. August bei ihnen zu lesen: «. . . in der Hoffnung, daß dies» ihre «Heilung beschleunigen möge». Am 10. August 1944 wurde die Reise auf den 18. August und die Lesung auf den 19. August ver-

Else Lasker-Schüler als alte Frau.
Zeichnung von Miron Sima

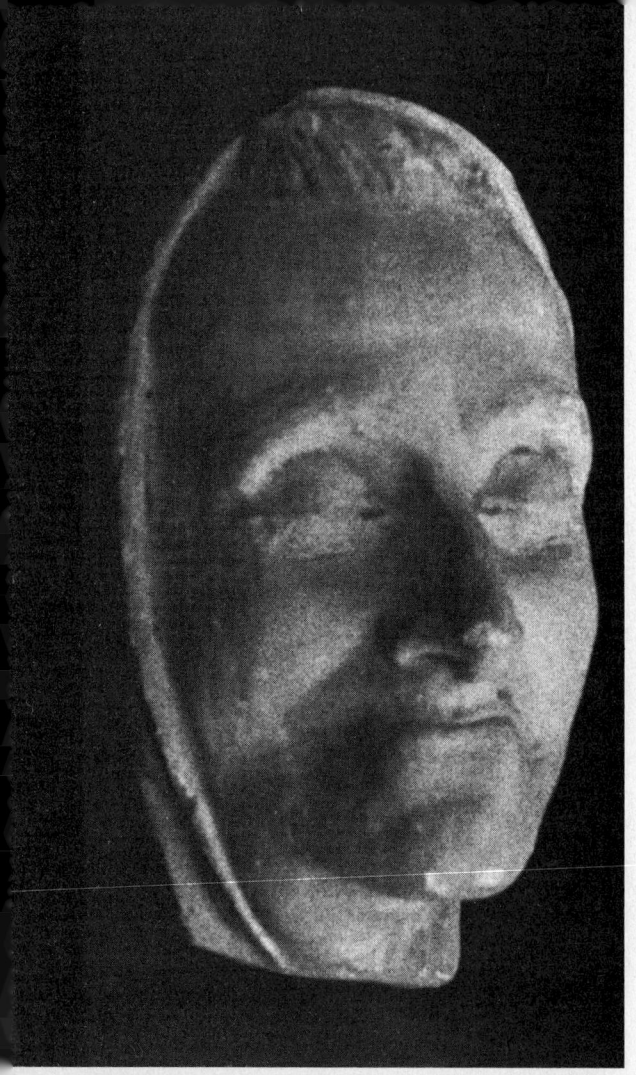

Totenmaske, abgenommen von Grete Krakauer-Wolf

schoben, doch mußte Else Lasker-Schüler auch diesen Termin aus Gesundheitsgründen absagen. Um die Kranke zu erfreuen, berichteten die Großhuts, daß trotz der Absage einige Leute am festgesetzten Abend bei ihnen erschienen seien. Am 7. September 1944 schlugen sie ihr vor, am 13. Oktober zu kommen und am 14. Oktober zu lesen. Aber auch diesmal konnte Else Lasker-Schüler nicht fahren. In ihrem letzten Brief vom 24. Oktober 1944 schrieb Sina Großhut: «Liebstes Elschen! Nach dem Du nun einen Vortrag in Jerusalem hältst werden wir wohl doch bald auch das Vergnügen hier haben, besonders da die Leute immer wieder danach fragen, wann sie Else Lasker-Schüler hören können . . .»[244] Kurz vorher hatte die Dichterin in einem Brief an die lieben *zwei Bilderbücher bunte* sich wieder als Kind bezeichnet. *Ich war so unartig, hatte die Masern denn ich bin gerade 7 geworden.* Ihren Tageslauf schildert sie den Großhuts wie folgt: *Um 7 Uhr auf um ½ 8 – Zimmer reinigen, Bett ausklopfen draußen, entwanzen, entlausen, um ½ 9 karges schlechtes Frühstück, um 9 Café um ½ 10 Café II. um ½ 11 Caféhaus III. um 12 miserable Mittag um 1 nix um 2 nix um III ½ Café Sichel, ich arbeit mich zu Schanden und allerhanden.*[245] Die letzte Nachricht vom 14. November 1944 lautete: *. . . seid nicht böse, Sina und Salander, ich bin traurig für alle miteinander. Euer Jussuf.*[246]

Am Abend des 16. Januar 1945 kündigte sich Else Lasker-Schülers Tod an. Sie hatte ihn vorausgeahnt, denn eines der Gedichte aus *Mein blaues Klavier* heißt *Ich weiß, daß ich bald sterben muß.* Sie wurde nach einem schweren Herzanfall in die alte Hadassa auf dem Skopus eingeliefert. Werner Kraft schilderte die letzten Tage in einem Brief an Freunde vom 23. Januar 1945: «Sie hat entsetzlich gelitten. Das Herz wollte nicht nachgeben. Trotz starker Morphiumdosen erfolgten die Anfälle in Abständen von zehn Minuten. Erst am Montag gegen 5 Uhr morgens wurde die Atmung ruhiger. Die letzte M-Spritze brachte ihr dann die ersehnte Erleichterung. Um 7 Uhr 25 morgens hauchte sie buchstäblich ihr Leben aus, sehr leise, ohne Kampf und in großer Ruhe.»[247]

Die Beerdigung schildert er als «so würdig, wie es zu erwarten war. Ungefähr sechzig Leute erwiesen ihr das, was man die letzte Ehre nennt. Der Rabbiner Wilhelm sprach ihr Gedicht ‹Ich weiß› aus dem blauen Klavier. Gerson Stern sagte das Kaddisch.»[248]

Anmerkungen

1 Dieter Bänisch: «Else Lasker-Schüler. Zur Kritik eines etablierten Bildes». Stuttgart 1971
2 *Lieber gestreifter Tiger*. Briefe von Else Lasker-Schüler. Hg. von Margarete Kupper. Erster Band, München 1969 (im folgenden kurz Briefe I genannt). S. 219
3 Zunächst in Fortsetzungen erschienen in «Die Aktion» September 1913 bis August 1915, später in die «Neue Jugend» übernommen.
4 In: «Sinn und Form», März/April 1975, 27. Jahr, 2. Heft, S. 371–384, S. 381 f
5 Michael Töteberg: «John Heartfield in Selbstzeugnissen und Bilddokumenten». Reinbek 1978 (= rowohlts monographien. 257). S. 20
6 Briefe I, S. 119
7 Theodor W. Adorno: «Rede über Lyrik und Gesellschaft». In: «Akzente. Zeitschrift für Dichtung.» Hg. von W. Höllerer und H. Bender, 4. Jg. 1975, S. 12; «Noten zur Literatur», Ges. Schriften Bd. II, Frankfurt a. M. 1974. S. 53
8 In: «Allgemeine Zeitung der Juden in Deutschland», Berlin, 18. Juni 1965, Allg. Nr. XX/12, S. 7. Brilling behauptet: «Aron Levi (wohl = Aron Sohn des Löb)» lebte 1776 «als verkleideter Jude in Geseke». Er führt weiter aus, dieser sei vor 1815 gestorben, und die Witwe Levi Schüler werde 1815 mit Sohn Moses erwähnt. Der andere Großvater Else Lasker-Schülers, Hirsch Cohen, habe eigentlich Rappaport geheißen. Aber so, wie der Vater von Moses den Namen Schüler «bei der Annahme der Familiennamen durch die Juden im Herzogtum Westfalen . . . zur hessischen Zeit» den Namen Cohen angenommen und den Namen Rappaport abgelegt.
9 Vgl. Bänsch, a. a. O., S. 255. Nach Wolfgang Springmann: «Else Lasker-Schüler und Wuppertal». Neue verbesserte Auflage. Wuppertal-Elberfeld (Veröffentlichungen der Stadtbibliothek Wuppertal). 1965, S. 12, ist der Zweitname dieser Großmutter Guggenheimer.
10 Vgl. Dr. Haindorf, München 1840, S. 104
11 *Ich räume auf! Meine Anklage gegen meine Verleger.* Zitiert nach: Else Lasker-Schüler, *Gesammelte Werke in drei Bänden.* Hg. von Friedhelm Kemp. München 1962. Bd. II (im folgenden kurz GW II genannt). S. 532
12 GW II, S. 430
13 Ebd., S. 1073
14 Ebd., S. 532
15 In der dem Schauspiel zugrunde liegenden Erzählung *Arthur Aronymus. Die Geschichte meines Vaters*, GW II, S. 561
16 Der ursprüngliche Name dieser Figur war Lavater. Leopold Lindtberg bewog die Autorin 1936, als er das Stück am Schauspielhaus in Zürich einstu-

dierte, ihn wegen seines «ausgesprochen evangelischen Klanges» zu ändern.

17 Deutsches Zentralarchiv Merseburg. Polizeisachen Rep. 89 H, Abt. XXI, Nr. 53. Zit. n.: Eleonore Sterling, «Judenhaß – Die Anfänge des politischen Antisemitismus in Deutschland. 1815 – 1850». Frankfurt a. M. 1969. S. 173

18 Vgl. Andre Meyer: «Vorahnungen der Judenkatastrophe bei Heinrich Heine und Else Lasker-Schüler». In: «Bulletin des Leo Baeck Instituts», 8. Jg. 1965, Nr. 29–32, S. 7–27

19 GW II, S. 562

20 *Die rote Katze*, GW II, S. 762

21 *Arthur Aronymus und seine Väter*, GW II, S. 1095

22 Ebd., S. 1183

23 GW II, S. 760

24 Ebd.

25 *Das Hebräerland*, GW II, S. 812 f

26 Nach Springmann, a. a. O., S. 13, stammen diese Angaben von Aron Schüler selbst, wie sich dessen Arzt, Dr. Karl Hertmanni, erinnert haben soll. Springmann vermutet «Verbindungen zum Bauwesen» auf Grund der von Aron Schüler betriebenen Kreditgeschäfte.

27 GW II, S. 873

28 Ebd., S. 533

29 Ebd., S. 496

30 Ebd., S. 874

31 Nach einem Brief des Personenstandsarchivs I Oberehrenbreitstein vom 13. Juni 1952 an Emerich Reeck. Urkunde: Jg. 1857, S. 343, Abschrift im Heiratsregister des Standesamts Elberfeld unter Nr. 467/1857

32 Diese sind in Elberfeld heute nicht mehr nachweisbar.

33 Auch Kiesing oder Kießing geschrieben. Daß dies in England geschehen sei, ist sicher eine weitere Mystifikation.

34 GW II, S. 876

35 Wiener Arzt, der später in London lebte

36 Briefe I, S. 172

37 GW II, S. 525

38 Ebd., S. 707 f

39 Ebd., S. 899

40 Ebd., S. 699

41 Ebd., S. 872

42 Ebd., S. 487

43 Karl Pestalozzi: «Die Entstehung des lyrischen Ich. Studien zum Motiv der Erhebung in der Lyrik». Berlin 1970. S. 350

44 Friedrich Rückert: «Werke». Hg. von Conrad Beyer. 6 Bde. Leipzig o. J. Bd. 1, S. 399

45 *Mein Herz*, GW II, S. 357

46 *Ich räume auf!*, GW II, S. 519

47 Ebd., S. 518

48 Ebd., S. 519

49 Vgl. «Briefe an Karl Kraus». Hg. von Astrid Gehlhoff-Claes. Köln–Berlin o. J. S. 11

50 *Ich räume auf!*, GW II, S. 519

51 Ebd., S. 535

52 GW II, S. 866

53 Vgl. Bänsch, a. a. O., S. 206 f

54 *Das Hebräerland*, GW II, S. 874

55 Ebd., S. 867

56 *Ich räume auf!*, GW II, S. 510

57 *Das Hebräerland*, GW II, S. 867

58 Ebd., S. 865

59 Ebd., S. 867

60 Ebd.

61 Ebd.

62 *Im Rosenholzkästchen*, GW II, S. 646

63 GW II, S. 876

64 Else Lasker-Schüler: *Gesammelte Werke in drei Bänden*, a. a. O. Bd. I (im folgenden kurz GW I genannt), S. 273

65 *Im Rosenholzkästchen*, GW II, S. 647 f

66 *Das Hebräerland*, GW II, S. 866

67 «Else Lasker-Schüler. Dichtungen und Dokumente. Gedichte, Prosa, Schauspiele, Briefe. Zeugnis und Erinnerung». Ausgewählt und herausgegeben von Ernst Ginsberg. München 1951. S. 603

68 Spottname für die Angehörigen der vielen protestantischen Sekten in Elberfeld

69 *St. Laurentius*, GW II, S. 715

70 GW I, S. 13

71 GW II, S. 758

72 Ebd.

73 GW II, S. 115 – Vgl. hierzu: Sigrid Bauschinger, «Die Symbolik des Mütterlichen im Werk Else Lasker-Schülers». Phil. Diss. Frankfurt a. M. 1960

74 GW I, S. 39

75 «Anarchie nach innen». In: «Lasker-Schüler. Ein Buch zum 100. Geburtstag der Dichterin». Hg. von Michael Schmid. Wuppertal 1969. S. 102

76 Stadtbibliothek Wuppertal, Else Lasker-Schüler-Archiv

77 Im Hause Schüler existierte offensichtlich einer jener Spiegel, die als «Spione» bezeichnet werden, durch welche man die Straßenszene beobachten kann, ohne selbst gesehen zu werden.

78 *Wo ist unser buntes Theben*. «Briefe von Else Lasker-Schüler». Hg. von Margarete Kupper. Zweiter Band, München 1969 (im folgenden kurz Briefe II genannt). S. 9

79 «Führende Frauen Europas. In 25 Selbstschilderungen.» Hg. von Elga Kern. Neue Folge 1930, S. 14 f

80 Vgl. Jürgen P. Wallmann: «Else Lasker-Schüler». Mühlacker 1966. S. 35

81 «Kampf. Zeitschrift für gesunden Menschenverstand». Neue Folge Nr. 13, 7. Mai 1904 – Margarete Kupper (Hg.): «Wiederentdeckte Texte Else Lasker-Schülers» in: Wiss. Jb. d. Görres-Ges., NF/Bd. 5 (1964), S. 247–249

82 Vgl. Bänsch, a. a. O., S. 193

83 Emanuel Lasker: «Die Kultur in Gefahr». Berlin 1928

84 Nach Kupper, a. a. O., S. 247

85 Ebd.

86 *Lasker-Schüler contra B. und Genossen*, GW II, S. 179

87 Nur in geringer Auflage erschienen. Die zweite, leicht veränderte, in die *Gesammelten Werke* des Kösel Verlages aufgenommene Version erschien 1919 im Cassirer Verlag unter dem Titel *Die Nächte der Tino von Bagdad.*

88 GW II, S. 76

89 Ebd., S. 82 f

90 Ebd., S. 83

91 Ebd.

92 Ebd., S. 83f
93 Ebd., S. 84
94 Ebd.
95 Ebd., S. 85
96 GW I, S. 70
97 Im Else Lasker-Schüler-Archiv der Stadtbibliothek Wuppertal
98 Briefe I, S. 59
99 Eine Variation von *Vorahnung*
100 Vgl. Peter Hille: «Gesammelte Werke». 4 Bde. Hg. von seinen Freunden. Berlin–Leipzig 1904 – Peter Hille: «Aus dem Heiligtum der Schönheit. Aphorismen und Gedichte». Leipzig 1909 – Paul Leppin: «Else Lasker-Schüler: Das Peter Hille-Buch». In: «Deutsche Arbeit. Monatsschrift für das geistige Leben der Deutschen in Böhmen», Jg. VIII, Heft 6, März 1909, S. 460 – «Peter Hille. Eine Einführung in sein Werk und eine Auswahl von Erich Naused». Akademie der Wissenschaften und der Literatur, Schriftenreihe der Klasse der Literatur. Wiesbaden 1957 – «Peter Hille: Ein Spielzeug strenger Himmel. Lyrik, Prosa, Aphorismen». Auswahl und Vorwort von Jürgen P. Wallmann. Recklinghausen 1970
101 GW II, S. 9
102 Ebd., S. 10
103 Ebd., S. 10f
104 Die Wiederholung von Kapitelüberschriften wie *Petrus und ich auf der Wanderung* oder *Petrus und ich auf den Bergen* drückt das Prozessuale des vagabundierenden Lebensstils der Freunde in dieser Zeit aus.
105 GW II, S. 12
106 Ebd., S. 225
107 Ebd., S. 12
108 Ebd., S. 690
109 Ebd., S. 683
110 Er nennt sie fälschlicherweise Maja
111 Vgl. Briefe I, S. 49. Am 19. Januar 1910 schrieb sie an Bithell: *Der Earl of Manchester hat den Spuk gelesen und glaubt die Reden der Marga sind meine Reden, die Augen der Marga sind meine Augen, die Lippen der Marga sind die meinen. Und doch trägt sie kaum meine Haut . . .*
112 Peter Baum: «Gesammelte Werke». Berlin 1920. Bd. 1, S. 165
113 Ebd., S. 166
114 Ebd., S. 172
115 Ebd., S. 176
116 Gerhart Hauptmann: «Gesammelte Ausgabe». Sechs Teile in zwei Bänden, 1. Teil: «Das epische Werk». Berlin 1935. S. 422f
117 «Literarische Manifeste der Jahrhundertwende. 1890–1910». Hg. von Erich Ruprecht und Dieter Bänsch. Stuttgart 1970. S. 16
118 Von 1882 bis 1884
119 «Literarische Manifeste», a. a. O., S. 17
120 Ebd.
121 In: «Die Gesellschaft», Jg. XV (1899), S. 57f
122 GW II, S. 48
123 Ebd., S. 45
124 Ebd., S. 39
125 Ebd., S. 50
126 Ebd.
127 Briefe II, S. 17
128 Ebd.

129 GW II, S. 37
130 Ebd., S. 20
131 Ebd., S. 684
132 Ebd., S. 681 f
133 Briefe I, S. 40 – Wie verhärtend die Verurteilung durch einige Familienmit-
glieder auf Else Lasker-Schüler gewirkt haben muß, geht in diesem Brief aus
der Schilderung ihrer selbst als *steinerner Papst* und *kaltes Götzenbild* hervor, als die sich die im Geiste noch nach zehn Jahren mit dem offenbar all-
mächtigen Familienonkel Sonnemann Hadernde sieht. Diese Metaphern
erinnern an das *zürnend zu allen Himmeln* aufblickende *steinerne Sphinx-
haupt* des Gedichtes *Weltschmerz* aus *Styx*. Diese Thematik steht wieder in
typischem Gegensatz zu der oft als jüdisch interpretierten Versöhnungsthe-
matik in anderen Dichtungen Else Lasker-Schülers.
134 GW II, S. 38, 57, 68, 683, 690
135 Zit. n. Hille: «Aus dem Heiligtum der Schönheit», a. a. O., S. 17
136 GW II, S. 17
137 Springmann, a. a. O., S. 10
138 Wallmann, a. a. O., S. 9
139 GW II, S. 906 f
140 Else Lasker-Schüler: *Sämtliche Gedichte*. Hg. von Friedhelm Kemp. München 1966. S. 215
141 GW II, S. 688
142 GW II, S. 314
143 GW I, S. 129
144 Ebd., S. 132
145 Ebd., S. 121
146 Ebd., S. 138
147 Ebd., S. 146
148 «Pastellbilder der Kunst», Beilage zu Nr. 7 der Zeitschrift «Kampf», NF 19.
März 1904
149 GW I, S. 137
150 «Ein Bündel Wegerich. Zum hundertsten Geburtstag Else Lasker-Schülers».
In: «Die Brücke», Sonntagsbeilage zur «Stuttgarter Zeitung» v. 8. Februar
1969
151 Briefe I, S. 17
152 47. Band, Berlin 1904, S. 78
153 Briefe I, S. 13
154 Else Lasker-Schüler hätte lieber gesehen, daß sich ihr Mann weiterhin musikalisch betätigte.
155 Briefe II, S. 20
156 GW II, S. 1020
157 Ebd., S. 1021
158 Ebd., S. 1039
159 Ebd., S. 164
160 Ebd., S. 696
161 Joseph Spengler: «Das Drama». In: «Herders Jahrbücher», Jahrb. der Zeit-
und Kulturgeschichte. 3. Jg. 1909, Freiburg 1910, S. 298
162 «Else Lasker-Schüler, Die Wupper, Schauspiel in fünf Aufzügen». Mit Dokumenten zur Entstehungs- und Wirkungsgeschichte und einem Nachwort
von Fritz Martini. Stuttgart 1977. S. 160
163 Bänsch, a. a. O., S. 229
164 GW I, S. 163
165 Herwarth Walden: «Deutsche Dichter und deutsche Richter». In: «Sturm»,

3. Jg., Nr. 121/122, August 1912, S. 102
166 GW II, S. 181
167 Ebd., S. 179
168 GW II, S. 309
169 Briefe I, S. 29
170 Briefe II, S. 25
171 Postkarte an Paul Zech in der Stadt- und Landesbibliothek Dortmund
172 Briefe I, S. 77
173 Briefe II, S. 22
174 Fernmündliche Mitteilung an die Autorin
175 GW I, S. 164
176 Richard Weiß: «Else Lasker-Schüler». In: «Die Fackel» Nr. 319/320, XII. Jahr, 31. März 1911, S. 42
177 Ebd., S. 47
178 Julius Bab: «Die Berliner Bohème» Bd. 2. 2. Aufl. Berlin–Leipzig 1904. S. 69
179 Wieland Herzfelde: «Else Lasker-Schüler». In: «Sinn und Form». Beiträge zur Literatur. Hg. von der Deutschen Akademie der Künste, 21. Jahr 1969, 6. Heft (Nov.), S. 1307
180 GW I, S. 399
181 Gottfried Benn: «Gesammelte Werke in vier Bänden». Hg. von Dieter Wellershoff. Bd. 1: «Essays und Aufsätze». Wiesbaden 1959. S. 537
182 GW II, S. 267
183 Ebd., S. 689
184 GW I, S. 32, 90
185 GW II, S. 386
186 Ebd., S. 388
187 Nach: *Gesammelte Werke* I, S. 397
188 Briefe II, S. 55
189 GW I, S. 270
190 GW II, S. 95
191 Ebd., S. 113
192 Ebd., S. 439
193 Ebd., S. 440
194 Ebd., S. 429
195 An Eduard Korrodi. In: «Dichtungen und Dokumente», a. a. O., S. 531
196 GW II, S. 357
197 Ebd., S. 779 f
198 GW I, S. 297
199 Ebd., S. 781 f
200 Zum Kreis um Peter Hille gehörender junger Bildhauer
201 «Briefe Peter Hilles an Else Lasker-Schüler». Mit einer Einbandzeichnung der Verfasserin. Berlin 1921. S. 20
202 «Dienstboten, Brecht und andere Zeitgenossen in Prag, Berlin, London». Olten–Freiburg i. B. 1966. S. 138
203 *Mein Junge*, GW II, S. 753
204 «Briefe an Karl Kraus», a. a. O., S. 93
205 Letzter Brief an Karl Kraus vom 5. März 1924. «Briefe an Karl Kraus», a. a. O., S. 99
206 Curt Riess: «Ascona. Die Geschichte des seltsamsten Dorfes der Welt». 2. Aufl. Zürich 1964. S. 13
207 «Erinnerungen an Else Lasker-Schüler». In: «Dichtungen und Dokumente», a. a. O., S. 579

208 Briefe I, S. 185
209 Am 18. November 1931. Exemplar im Else Lasker-Schüler-Nachlaßarchiv der Jewish National and University Library, Jerusalem (im folgenden kurz JNUL genannt)
210 Aus dem Wortlaut der Verleihungsurkunde. Zit. n. P. Wallmann, a. a. O., S. 87
211 Im Else Lasker-Schüler-Nachlaßarchiv, JNUL, Jerusalem
212 So war Else Lasker-Schüler in der «Vossischen Zeitung» genannt worden.
213 Briefe II, S. 146
214 Briefe I, S. 228
215 Ebd., S. 243
216 Es handelt sich um ein zu Ehren Absoloms errichtetes Monument.
217 Briefe I, S. 237
218 Briefe II, S. 162
219 Schriftliche Mitteilungen an die Autorin
220 Justin Steinfeld: «Hebräerland. Else Lasker-Schüler und der Duce». In: «Das Wort», Moskau, September 1937, S. 70
221 Gez. K. B. «Else Lasker-Schüler: Hebräerland». In: «Internationale Literatur», 4. Heft 1938, S. 123
222 Brief vom 7. März 1935 im Else Lasker-Schüler-Nachlaßarchiv, JNUL, Jerusalem
223 «Dichtungen und Dokumente», a. a. O., S. 555
224 Vgl. Joh. Jacobi: «Theater aus dem Geist der Lyrik. Arthur Aronymus und seine Väter von Else Lasker-Schüler in Wuppertal». In: «Tagesspiegel», 4. Oktober 1968
225 Zit. n:. «Unveröffentlichte Dichtungen von Else Lasker-Schüler». Vorbericht von Ernst Ginsberg. In: «Neue Züricher Zeitung», 19. Januar 1958, Blatt 5, Nr. 163 (3)
226 Brief an die Redaktion der «Neuen Züricher Zeitung» vom 28. Januar 1937
227 «Dichtungen und Dokumente», a. a. O., S. 583
228 Ebd., S. 588
229 GW II, S. 635
230 GW I, S. 347
231 Alle Angaben zur Vorgeschichte nach: *Ichundich*. Nachlaßschauspiel. Hg. von Margarete Kupper. In: «Jahrbuch der deutschen Schillergesellschaft», Jg. 14 (1970), S. 24–27
232 Vgl. Heinz Thiel: «'Ich und Ich' – ein versperrtes Werk?». In: «Else Lasker-Schüler. Ein Buch zum 100. Geburtstag», a. a. O., S. 123–159
233 Hans Rudolf Hilty: «Ein nachgelassenes Schauspiel der Else Lasker-Schüler». In: «Jeanne d'Arc bei Schiller und Anouilh». St. Gallen 1960. S. 57
234 Johann Wolfgang Goethe: «Gedenkausgabe der Werke, Briefe und Gespräche» (28. August 1949). Hg. von Ernst Beutler. Zürich 1962. S. 547 f
235 *Ichundich*. In: «Jahrbuch der deutschen Schillergesellschaft», a. a. O., S. 54
236 Zitiert nach Gunilla Bergsten: «Thomas Manns Doktor Faustus. Untersuchungen zu den Quellen und zur Struktur des Romans». Stockholm 1963. S. 71
237 Gerhard Walter Frey: «Die ästhetische Begriffswelt Flauberts». München 1972. S. 186
238 Unveröffentlichtes Schreiben im Besitz von Herrn Erich Gottgetreu, Jerusalem
239 *Ichundich*, a. a. O., S. 57
240 Gisela Dischner: «Bettina von Arnim: Eine weibliche Sozialbiographie aus dem 19. Jahrhundert». Berlin 1977. S. 18

241 Im Else Lasker-Schüler Nachlaßarchiv, JNUL, Jerusalem
242 Franz Werfel: «Jeremias. Höret die Stimme». Frankfurt a. M. 1958. S. 61
243 GW I, S. 337
244 Alle Briefe der Großhuts im Else Lasker-Schüler-Nachlaßarchiv, JNUL, Jerusalem
245 Briefe I, S. 319
246 Ebd.
247 «Dichtungen und Dokumente», a. a. O., S. 599
248 Ebd., S. 599 f

Zeittafel

1869	11. Februar: Geburt Elisabeth (Else) Schülers
1880	Besuch des Lyceums West An der Aue. Später Erkrankung am Veitstanz auf Grund eines Familienerlebnisses; Beendigung der Schulzeit. Von da an Hauslehrererziehung
1882	2. Februar: Tod des jüngsten Bruders Paul, nach dem die Dichterin ihren Sohn nannte
1890	27. Juli: Tod der Mutter
1893	Die Schwester Anna Schüler heiratet den Opernsänger Franz Lindwurm-Lindner und zieht nach Berlin
1894	15. Januar: Else Schüler heiratet den Arzt Dr. Jonathan Berthold Lasker in Elberfeld. Später im gleichen Jahr Übersiedlung des Paares nach Berlin
1895–1896	Else Lasker-Schüler arbeitet im eigenen Atelier, Brückenallee 22 im Tiergartenviertel, und studiert Malerei bei Simon Goldberg
1897	3. März: Tod des Vaters
1899	24. August: Geburt des Sohnes Paul. – Erscheinen der ersten Gedichte in der von Ludwig Jacobowsky redigierten Zeitschrift «Die Gesellschaft»
Um 1898/99	Begegnung mit Peter Hille und seinem Kreis
1902	Der erste Gedichtband *Styx* erscheint bei Axel Juncker in Berlin
1903	Ende März Trennung von Peter Hille. 11. April: Scheidung von Berthold Lasker. 30. November: Eheschließung mit Georg Levin (Herwarth Walden)
1904	7. Mai: Tod Peter Hilles
1905	Der zweite Gedichtband *Der siebente Tag* kommt im Verlag für Kunst (Amelangsche Buchhandlung) in Berlin heraus
1906	*Das Peter Hille-Buch* erscheint im Verlag Axel Juncker (Berlin–Leipzig–Stuttgart)
1908	Niederschrift des ersten Schauspiels *Die Wupper*
1909	*Die Wupper* erscheint bei Oesterheld u. Co. in Berlin
1910	Trennung von Herwarth Walden
1911	Die *Briefe nach Norwegen* erscheinen im «Sturm». 18. Januar: Lesung des Schauspiels *Die Wupper* im Neopathetischen

Kabarett in einer angeblich ursprünglichen mundartlichen Fassung.

Prozeß um den nichtautorisierten Abdruck des Gedichts *Leise sagen* in einer Essener Tageszeitung und später in anderen deutschen Zeitungen

1912   Die *Briefe nach Norwegen* erscheinen unter dem Titel *Mein Herz*, Adolf Loos zugeeignet, im Verlag Heinrich F. S. Bachmair in München und Berlin.

Begegnung mit Gottfried Benn

1913   Begegnung mit Franz Marc, Franz Werfel u. v. a.

In der «Fackel» erscheint ein Spendenaufruf für Else Lasker-Schüler.

Der erste Essayband *Gesichte* erscheint im Kurt Wolff Verlag in Leipzig, *Hebräische Balladen* kommt bei A. R. Meyer in Berlin heraus.

Im November Reise nach Petersburg und Moskau

1914   Tod Johannes Holzmanns. Im März Begegnung mit Georg Trakl. Am 1. Mai erscheint die zweite Fassung von Trakls Gedicht «Abendland», Else Lasker-Schüler gewidmet, im «Brenner». Begegnung mit den Brüdern Herzfelde und George Grosz. Im Verlag der Weißen Bücher in Leipzig erscheinen der Gedichtband *Meine Wunder* und das Geschichtenbuch *Der Prinz von Theben*. Die *morgenländische Komödie Plumm Pascha* wird im «Kinobuch» des Kurt Wolff Verlags veröffentlicht.

3. November: Tod Georg Trakls

1915   4. März: Tod Franz Marcs

1916   6. Juni: Tod Peter Baums

1917   Teilnahme an der Dada-Premiere in Zürich (nach Curt Riess). Der Band *Gesammelte Gedichte* erscheint im Verlag der Weißen Bücher.

Während der Kriegsjahre wiederholte Vortragsreisen mit einem Antikriegsprogramm zusammen mit Franz Werfel, Theodor Däubler, George Grosz u. a.

1919   Uraufführung des Schauspiels *Die Wupper* in einer Matinée des Vereins «Junges Deutschland» an Max Reinhardts Deutschem Theater in Berlin unter der Regie von Heinz Herald. Die ersten vier Bände der zehnbändigen Ausgabe des Verlages Paul Cassirer erscheinen in Berlin

1920   Die weiteren sechs Bände der Cassirer-Ausgabe kommen heraus.

Das sechste bis zehnte Tausend der *Gesammelten Gedichte* erscheint bei Kurt Wolff in München

Die Gedichte *Weltende* und *Schwarze Sterne* erscheinen in französischer Übersetzung im Oktober-Heft der «Action» in Paris

1921   Paul Cassirer bringt die Erzählung *Der Wunderrabbiner von*

	Barcelona heraus
1923	Alfred Flechtheim publiziert im Querschnitt Verlag (Berlin–Frankfurt) den Prachtband *Theben* mit Gedichten und Lithographien
1924	Reise in die Schweiz und nach Venedig
1925	*Ich räume auf! Meine Klage gegen meine Verleger* erscheint im Selbstverlag (Lago) in Zürich
1927	25. September: Einzug ins Atelier des Bildhauers Jussuf Abbu, um den todkranken Sohn Paul zu pflegen.
	15. Oktober: Aufführung des Schauspiels *Die Wupper* im Beisein zweier preußischer Minister in Abwesenheit der Dichterin an Leopold Jessners Staatstheater in Berlin unter der Regie von Jürgen Fehling.
	14. Dezember: Tod des Sohnes Paul
1931	Vortrag im Arbeiterverein in Wien.
	Ausstellung von Zeichnungen Else Lasker-Schülers im Studiensaal der Nationalgalerie in Berlin
1932	Im Rowohlt Verlag erscheinen der Essayband *Konzert* und die Erzählung *Arthur Aronymus. Die Geschichte meines Vaters*. Das nach der Erzählung geschriebene Schauspiel *Arthur Aronymus. Aus meines geliebten Vaters Kinderjahren* kommt als Bühnenmanuskript bei S. Fischer in Berlin heraus.
	Verleihung des Kleist-Preises (zusammen mit Richard Billinger)
1933	19. April: Emigration in die Schweiz. Niederlassung in Zürich. Sommeraufenthalt in Ascona
1934	Im März Reise nach Alexandria und Palästina. Nach Rückkehr in die Schweiz im Juli Beginn der Arbeit an *Das Hebräerland*
1935	Ab Juli Aufenthalt in Ascona
1936	17. September: Neuanmeldung in Zürich.
	19. Dezember: Uraufführung des Schauspiels *Arthur Aronymus und seine Väter* am Zürcher Schauspielhaus (nach zwei Vorstellungen abgesetzt)
1937	Im Juni zweite Palästina-Reise. Erneute Rückkehr in die Schweiz. *Die Wupper* ist zur Aufführung am Zürcher Schauspielhaus vorgesehen. *Das Hebräerland* erscheint im Oprecht Verlag in Zürich
1938	Im «Reichsanzeiger» erscheint im September eine Liste mit Namen aus dem Deutschen Reich Ausgebürgerter. Die Liste enthält u. a. die Namen von Else Lasker-Schüler und Walter Hasenclever
1939	Im April dritte, nur auf drei Monate geplante Reise nach Palästina. Der Ausbruch des Krieges verhindert die vorgesehene Rückkehr in die Schweiz
1940–1941	Arbeit am letzten Schauspiel *Ichundich*
1941	Gründung des Vortragsringes «Der Kraal».

	20. Juli: Erste Lesung des Schauspiels *Ichundich* im Berger-Club in Jerusalem
1943	Der letzte Gedichtband *Mein blaues Klavier* erscheint in einer Auflage von 330 Exemplaren in Jerusalem
1944	Im Sommer Erkrankung
1945	16. Januar: Schwerer Herzanfall, Einlieferung in die alte Hadassa auf dem Skopus.
	22. Januar: morgens 7 Uhr 25 Tod.
	Beisetzung auf dem Ölberg
1951	Werner Kraft gibt in der Reihe «Verschollene und Vergessene» im Franz Steiner Verlag, Wiesbaden, eine Auswahl und eine Einführung in Else Lasker-Schülers Werk heraus. Ernst Ginsberg stellt für den Kösel Verlag in München den Sammelband «Dichtungen und Dokumente» zusammen
1957	Die zweite Auflage *Mein blaues Klavier* erscheint bei Tarshish Books in Jerusalem
1958	Anläßlich der Aufführung des Schauspiels *Die Wupper* an den Städtischen Bühnen Köln (Großes Haus) kommt es wegen der «Obszönitäten» des Stücks zu Protesten, die durch das Kölner Bistumsblatt provoziert wurden, und zu Auseinandersetzungen um das Stück in der Lokalpresse
1959–1962	Die «Gesammelten Werke» erscheinen im Kösel Verlag in München:
	Band I. Gedichte. 1902–1943. Hg. von Friedhelm Kemp.
	Band II. Prosa und Schauspiele. Hg. von Friedhelm Kemp.
	Band III. Prosa und Verse aus dem Nachlaß. Hg. von Werner Kraft.
	In der ersten Hälfte der sechziger Jahre läßt die jordanische Verwaltung von Jerusalem (östlicher Teil) das Hotel «Intercontinental» auf dem Ölberg errichten und legt zu diesem Zweck auch eine Schnellstraße an, der zahlreiche Gräber des jüdischen Friedhofs, auch das Grab Else Lasker-Schülers, zum Opfer fallen
1960	Im Februar bringt H. R. Hilty in «hortulus» 43 einen Vorabdruck von Ausschnitten aus *Ichundich* heraus.
1961	19. Februar: Nicht autorisierte Lesung des gesamten Manuskripts von *Ichundich* im Theater A 18, der Bühne des Studentendorfes der FU Berlin, am 20. Juni in der Westberliner Akademie der Künste. «Der Spiegel» Nr. 29/1961 veröffentlicht unter der Rubrik «Theater» den Artikel: Else Lasker-Schüler. Ich und Ich.
	In «Der Spiegel» Nr. 32/1961 erscheinen Leserbriefe zu diesem Ereignis von Ernst Ginsberg, Hans R. Hilty und Manfred Sturmann
1963	Die Aufführung des Schauspiels *Die Wupper* am Schillertheater in Berlin unter der Regie von Hans Lietzau führt zu «rüden» Mißfallensäußerungen, wie es in einer zeitgenössischen

Kritik heißt

1967 In der DDR erscheint eine Auswahl «Gedichte und Prosa» (Kiepenheuer, Weimar) mit einem Nachwort von Friedrich Mickwitz.

Gedichte von 1902 bis 1943 erscheinen im Aufbau Verlag in Berlin und Weimar unter dem Titel *Leise sagen*. Der 1948 von Leopold Krakauer geschaffene Grabstein Else Lasker-Schülers wird auf dem noch von jordanischen Schützengräben durchzogenen Friedhof auf dem Ölberg wiedergefunden und wieder aufgestellt.

1969 Im Wuppertaler Schauspielhaus findet ein Festakt anläßlich des 100. Geburtstags der Dichterin statt. Zu den Rednern gehören der Nachlaßverwalter Manfred Sturmann und Clemens Heselhaus.

Die Aufführung des Stückes *Arthur Aronymus und seine Väter* in der Einstudierung des Wuppertaler Schauspielhauses wird auch vom Deutschen Fernsehen ausgestrahlt und auf Gastspielreisen in Berlin und Zürich gezeigt. Am Haus Sadowastraße 7 wird eine Gedenktafel angebracht. Die Bauerstraße in Elberfeld wird nach der Dichterin umbenannt.

Peter Handke verläßt in der Pause die Gastspielaufführung von *Arthur Aronymus und seine Väter*. Er findet das Stück «auf eine rücksichtslose Weise poetisch». In einem «Zeit»-Artikel wirft er der Autorin vor, sie mache «die Dramaturgie des Massenmordes deutlich», indem sie «für seine Darstellung die Dramaturgie des Weihnachtsmärchens» verwende.

Im Kösel Verlag erscheinen die beiden von Margarete Kupper zusammengestellten Bände mit Briefen Else Lasker-Schülers.

Im Hammer Verlag in Wuppertal gibt Michael Schmid einen Sammelband zum 100. Geburtstag der Dichterin heraus

1970 25. Januar: Käthe Gold liest im Dritten Fernsehprogramm Auszüge aus *Ichundich*.

Margarete Kupper gibt im Jahrbuch der deutschen Schillergesellschaft das nachgelassene Drama *Ichundich* vollständig und kommentiert heraus

1971 Dieter Bänsch bemüht sich in seiner Else Lasker-Schüler-Monographie das durch das Wiedergutmachungspathos der ersten 25 Nachkriegsjahre etablierte Bild der Dichterin in Frage zu stellen

1974 Aufführung der *Wupper* in München unter der Regie des DDR-Regisseurs Dresen

1975 Im Jahr der Frau erscheint eine Briefmarkenserie mit den Porträts von Else Lasker-Schüler, Annette Kolb, Ricarda Huch und Gertrud von Le Fort

1976 Aufführung des Schauspiels *Die Wupper* unter der Regie von Luc Bondy in der Schaubühne am Halleschen Ufer in Berlin

1977	*Die Wupper* erscheint als Reclam-Bändchen mit Dokumenten zur Entstehungs- und Wirkungsgeschichte und einem Nachwort von Fritz Martini.
	Mein Herz kommt mit Zeichnungen der Autorin aus der Ausgabe von 1912 in der Bibliothek Suhrkamp heraus
1979	*Ichundich* wird im Düsseldorfer Schauspielhaus und im Wuppertaler Schauspielhaus aufgeführt (Uraufführung)

Zeugnisse

Der schwarze Schwan Israels, eine Sappho, der die Welt entzwei gegangen ist. Strahlt kindlich, ist urfinster. In ihres Haares Nacht wandert Winterschnee. Ihre Wangen feine Früchte, verbrannt vom Geiste.

Peter Hille, 1904

Nicht oft genug kann diese taubstumme Zeit, die die wahren Originale begrinst, durch einen Hinweis auf Else Lasker-Schüler gereizt werden, die stärkste und unwegsamste lyrische Erscheinung des modernen Deutschland . . .

Karl Kraus, 1910

Die Lyrik der Else Lasker-Schüler ist eine harte, oft grausame Kunst . . . Eine typisch nervöse, ganz und gar unklassische Kunst . . . Das dichterische «Ich» ist in eine solche Höhe gerückt, daß einem fast das Gefühl überkommt, einer somnambulistischen Mondtänzerin zuzuschauen.

Paul Zech, 1912

Ich kann ihre Gedichte nicht leiden, ich fühle bei ihnen nichts als Langeweile, über ihre Leere und Widerwillen wegen des künstlichen Aufwandes. Auch ihre Prosa ist mir lästig aus den gleichen Gründen, es arbeitet darin das wahllos zuckende Gehirn einer sich überspannenden Großstädterin. Aber vielleicht irre ich da gründlich, es gibt viele, die sie lieben, Werfel z. B. spricht von ihr nur mit Begeisterung. Ja, es geht ihr schlecht . . . ich weiß den eigentlichen Grund nicht, aber ich stelle mir sie immer als eine Säuferin vor, die sich in der Nacht durch die Kaffeehäuser schleppt.

Franz Kafka, 1913

Else Lasker-Schülers Kunst ist sehr verwandt mit der ihres Freundes, des blauen Reiters Franz Marc. Fabelhaft gefärbt sind alle ihre Gedanken und schleichen wie bunte Tiere. Zuweilen treten sie aus dem Wald in die Lichtung: wie zarte rote Rehe. Sie äsen ruhig und heben verwundert die schlanken Hälse, wenn jemand durchs Dickicht bricht. Sie laufen nie davon. Sie geben sich ganz preis in ihrer Körperlichkeit.

Else Lasker-Schüler trägt ihr Herz an einer goldenen Kette um den Hals. Sie ist ohne Scham: jeder darf es betrachten . . . Sie liebt nur sich, weiß nur von sich. Die Objekte ihres Herzens . . . sind Bleisoldaten; und wenn sie von ihnen spricht, bluten die Worte aus ihr heraus.

Klabund, 1913

Nur die Lasker-Schüler, auf Mondsicheln fahrend, ist frei. Sie ist die bedeutendste Dichterin des jüdischen Volkes seit Jahrhunderten. Weib und Geist der Rasse sammeln sich unmittelbar in ihr, fast über der Erde . . .

Kasimir Edschmid, 1920

Der Lasker-Schüler. Er ist der einzige Skarabäus, den man ehemals Königsmumien beigegeben, heute noch lebend antrifft. Er entfliegt einem geöffneten Mumiensarge, indem er seine bläulichgrün schillernden Flügel schwirrend entfaltet. Er stirbt aber allsofort im heutigen Wüstensand, wobei der Käfer einen seltsam melodischen Seufzer hören läßt.

Franz Blei, 1920

> Sie verglich sich
> mit dem Wegerich
>
> das ist:
> was unter den Schuh paßt
>
> und dort haftet
> für die Dauer
> eines staubigen Kusses

Wolfgang Hädecke, 1965

Sie sah die Dinge wie zum erstenmal und sagte sie wie zum erstenmal . . . Er [Rilke] war lawinensicherer, hatte mehr Niveau als sie, die ein kühneres Gebirge war als er, vulkanischer Natur mit steileren Abstürzen und größeren Höhen.

Friedrich Dürrenmatt, 1966

Else Lasker-Schüler erinnert mehr an Tonbandaufnahmen als an Briefe. Sie ist ein richtiger Germanistenschreck.

Erich Fried, 1966

Bibliographie

1. Zu Lebzeiten erschienene Werke

Styx. Gedichte. Berlin (Axel Juncker) 1902

Der siebente Tag. Gedichte. Berlin (Verlag des Vereins für Kunst, Amelangsche Buchhandlung) 1905

Das Peter Hille-Buch. Stuttgart–Berlin (Axel Juncker) 1906

Die Nächte Tino von Bagdads. Berlin–Stuttgart–Leipzig (Axel Juncker) 1907

Die Wupper. Schauspiel in fünf Aufzügen. Berlin (Oesterheld & Co.) 1909

Meine Wunder. Gedichte. Karlsruhe–Leipzig (Dreililien Verlag) 1911

Mein Herz. Ein Liebesroman mit Bildern und wirklich lebenden Menschen. München–Berlin (Heinrich F. S. Bachmair) 1912

Gesichte. Essays und andere Geschichten. Leipzig (Kurt Wolff) 1913

Hebräische Balladen. Berlin (A. R. Meyer) 1913

Hebräische Balladen. Zweite, vermehrte Auflage. Berlin (A. R. Meyer) o. J.

Meine Wunder. Gedichte. Leipzig (Verlag der Weißen Bücher) 1914

Der Prinz von Theben. Ein Geschichtenbuch. Leipzig (Verlag der Weißen Bücher) 1914

Plumm-Pascha. Morgenländische Komödie. In: Das Kinobuch. Leipzig (Kurt Wolff) 1914

Die gesammelten Gedichte. Leipzig (Verlag der Weißen Bücher) 1917

Meine Wunder. Gedichte. Berlin (Paul Cassirer) o. J.

Das Peter Hille-Buch. Zweite und dritte Auflage. Berlin (Paul Cassirer) 1919

Die Nächte der Tino von Bagdad. Berlin (Paul Cassirer) 1919

Der Malik. Eine Kaisergeschichte mit Bildern und Zeichnungen. Berlin (Paul Cassirer) 1919

Die Wupper. Schauspiel in fünf Aufzügen. Berlin (Paul Cassirer) 1919

Essays. Berlin (Paul Cassirer) 1920

Gesichte. Zweite Auflage. Berlin (Paul Cassirer) 1920

Mein Herz. Ein Liebesroman mit Bildern und wirklich lebenden Menschen. Zweite Auflage. Berlin (Paul Cassirer) 1920

Der Prinz von Theben. Ein Geschichtenbuch. Zweite Auflage. Berlin (Paul Cassirer) 1920

Hebräische Balladen. Der Gedichte erster Teil. Berlin (Paul Cassirer) 1920

Die Kuppel. Der Gedichte zweiter Teil. Berlin (Paul Cassirer) 1920

Die gesammelten Gedichte. Zweite Auflage. Leipzig (Kurt Wolff) o. J.

Die gesammelten Gedichte. Sechstes bis zehntes Tausend München (Kurt Wolff) 1920

Der Wunderrabbiner von Barcelona. Erzählung. Berlin (Paul Cassirer) 1921

Theben. Gedichte und Lithographien. Berlin–Frankfurt a. M. (Querschnitt Verlag) 1923

Ich räume auf! Meine Anklage gegen meine Verleger. Zürich (Lago Verlag) 1925
Die Wupper. Schauspiel in fünf Aufzügen. Berlin (Selbstverlag) o. J.
Etwas von mir. – In: Führende Frauen Europas. Hg. von ELGA KERN. Neue Folge
    München (E. Reinhardt) 1930
Konzert. Berlin (Rowohlt) 1932
Arthur Aronymus. Die Geschichte meines Vaters. Berlin (Rowohlt) 1932
Arthur Aronymus und seine Väter. Aus meines geliebten Vaters Kinderjahren.
    Schauspiel in fünfzehn Bildern. Berlin (S. Fischer) 1932
Das Hebräerland. Zürich (Oprecht) 1937
Mein blaues Klavier. Neue Gedichte. Jerusalem (Jerusalem Press Ltd.) 1943

2. Nach dem Tode erschienene Werke

Else Lasker-Schüler. Eine Einfürhung in ihr Werk und eine Auswahl. Hg. von
    WERNER KRAFT. Verschollene und Vergessene. Wiesbaden (Franz Steiner)
    1951
Else Lasker-Schüler. Dichtungen und Dokumente. Gedichte. Prosa. Schauspiele.
    Briefe. Zeugnis und Erinnerung. Hg. von ERNST GINSBERG. München (Kösel)
    1951
Else Lasker-Schüler, Mein blaues Klavier. Neue Gedichte. Second edition. Jeru-
    salem (Tarshish Books) 1957
Gedichte. 1902–1943. Hg. von FRIEDHELM KEMP. Gesammelte Werke, Erster
    Band. München (Kösel) 1959
Else Lasker-Schüler, Gesammelte Werke, Erster Band. Zweite Auflage. Mün-
    chen (Kösel) 1961
Else Lasker-Schüler, Briefe an Karl Kraus. Hg. von ASTRID GEHLHOFF-CLAES.
    Köln–Berlin (Kiepenheuer & Witsch) o. J.
Else Lasker-Schüler, Verse und Prosa aus dem Nachlaß. Gesammelte Werke,
    Dritter Band. Hg. von WERNER KRAFT. München (Kösel) 1961
Else Lasker-Schüler, Prosa und Schauspiele. Hg. von FRIEDHELM KEMP. Gesam-
    melte Werke, Zweiter Band. München (Kösel) 1962
Else Lasker-Schüler, Helles Schlafen – dunkles Wachen. Gedichte. Ausgewählt
    von FRIEDHELM KEMP (= Sonderreihe dtv 1) München (Deutscher Taschen-
    buchverlag) 1962
Else Lasker-Schüler. Die Wupper. Arthur Aronymus und seine Väter. Zwei
    Schauspiele (= Sonderreihe dtv 39). München (Deutscher Taschenbuchver-
    lag) 1965
Else Lasker-Schüler. Sämtliche Gedichte. Mit einem Faksimile des Buches «The-
    ben». Hg. von FRIEDHELM KEMP in Zusammenarbeit mit MARGARETE KUPPER
    (= Die Bücher der Neunzehn. 134) München (Kösel) 1966
Else Lasker-Schüler. Die Wupper. Schauspiel in fünf Akten. Mit Linolschnitten
    von Willi Dirx (Vorwort Erich Fried). Zur Eröffnung des neuerbauten Schau-
    spielhauses der Stadt Wuppertal. Wuppertal 1966
Else Lasker-Schüler. Gedichte und Prosa. Eine Auswahl. Nachwort von Fried-
    rich Mickwitz. Weimar (Kiepenheuer) 1967
Else Lasker-Schüler. Leise sagen. Gedichte 1902–1943. Berlin – Weimar (Aufbau
    Verlag) 1967
Lieber gestreifter Tiger. Briefe von Else Lasker-Schüler. Hg. von MARGARETE
    KUPPER. Erster Band. München (Kösel) 1969
Wo ist unser buntes Theben. Briefe von Else Lasker-Schüler. Hg. von MARGARE-
    TE KUPPER. Zweiter Band. München (Kösel) 1969
Else Lasker-Schüler. Ichundich. Nachlaßschauspiel. Hg. von MARGARETE KUPPER.

In: Jahrbuch der Deutschen Schillergesellschaft. Jg. 14 (1970)

Die Wolkenbrücke. Ausgewählte Briefe von Else Lasker-Schüler. Hg. und mit einem Anhang versehen von MARGARETE KUPPER (= Sonderreihe dtv 106). München (Deutscher Taschenbuchverlag) 1972

Else Lasker-Schüler. Die Wupper. Schauspiel in fünf Aufzügen. Mit Dokumenten zur Entstehungs- und Wirkungsgeschichte und einem Nachwort von Fritz Martini. Stuttgart (Philipp Reclam jun.) 1977

Else Lasker-Schüler. Mein Herz. Ein Liebesroman mit Bildern und wirklich lebenden Menschen. Mit Zeichnungen der Autorin aus der Ausgabe von 1912 (= Bibliothek Suhrkamp. 520) Frankfurt a. M. 1977

3. Bücher über Else Lasker-Schüler

BÄNSCH, DIETER: Else Lasker-Schüler. Zur Kritik eines etablierten Bildes. Stuttgart 1971

BAUSCHINGER, SIGRID: Else Lasker-Schüler. Ihr Werk und ihre Zeit. Eine Monographie. Heidelberg 1980

COHN, HANS W.: Else Lasker-Schüler. The Broken World. Cambridge 1974

GUDER, GOTTHARD: Else Lasker-Schüler. Deutung ihrer Lyrik. Siegen 1966

KOCH, ANGELIKA: Die Bedeutung des Spiels bei Else Lasker-Schüler. Bonn 1971

Nachrichten aus dem Kösel-Verlag (Sonderheft für Else Lasker-Schüler). München 1965

SCHMID, MICHAEL (Hg.): Else Lasker-Schüler. Ein Buch zum 100. Geburtstag der Dichterin. Wuppertal 1969

SPRINGMANN, WOLFGANG (Hg.): Else Lasker-Schüler und Wuppertal. Auswahl und Kommentar von Wolfgang Springmann (Veröffentlichungen der Stadtbibliothek Wuppertal VI). Wuppertal-Elberfeld 1965

WALLMANN, JÜRGEN P.: Else Lasker-Schüler. Mühlacker 1966

4. Dissertationen

1936 FANNI GOLDSTEIN: Der expressionistische Stilwille im Werke der Else Lasker-Schüler. Phil. Diss. Wien

1955 KARL-JOSEF HÖLTGEN: Untersuchungen zur Lyrik Else Lasker-Schülers. Phil. Diss. Bonn (veränderte Druckfassung: Bonn 1958)

1956 EDELTRUD AKER: Untersuchung der Lyrik Else Lasker-Schülers. Phil. Diss. München

1960 SIGRID BAUSCHINGER: Die Symbolik des Mütterlichen im Werk Else Lasker-Schülers. Phil. Diss. Frankfurt a. M.

1962 BRIGITTE BALDRIAN: Form und Struktur der Bildlichkeit bei Else Lasker-Schüler. Phil. Diss. Freiburg i. B. [Masch.]

1963 MARGARETE KUPPER: Die Weltanschauung Else Lasker-Schülers in ihren poetischen Selbstzeugnissen. Phil. Diss. Würzburg [Teildruck]

1964 HORST DOMDEY: Frühe und späte Lyrik Else Lasker-Schülers. Vergleichende Untersuchungen zu Gehalt und Rhythmus. Phil. Diss. Berlin (F.U.)

1965 AGATHE JAIS: Else Lasker-Schüler. Die Lyrik der mittleren Schaffensperiode. Phil. Diss. München

BERNHARD BLUMENTHAL: Aspects of Love in the Life and Works of Else Lasker-Schüler. Phil. Diss. Princeton [Masch.]

1966 WERNER HEGGLIN: Else Lasker-Schüler und ihr Judentum. Zürich (Juris). Phil. Diss. Freiburg/Schweiz

1972 BRIGITTE HINTZE: Else Lasker-Schüler in ihrem Verhältnis zur Romantik. Ein Vergleich der Thematik und des Sprachstils. Phil. Diss. Bonn
1979 ERIKA KLÜSENER: Else Lasker-Schüler. Eine Biographie oder ein Werk? Phil. Diss. St. Louis/USA

5. Bücher mit Abschnitten über Else Lasker-Schüler

AHL, HERBERT: Literarische Porträts. München–Wien 1962 (Eine Sappho, der die Welt zerbrach)

BEN-CHORIN, SCHALOM: Zwiesprache mit Martin Buber. Ein Erinnerungsbuch. München 1966 (Else Lasker-Schüler)

BENN, GOTTFRIED: Den Traum alleine tragen. Neue Texte, Briefe, Dokumente. Hg. von PAUL RAABE und MAX NIEDERMAYER. Wiesbaden 1966 (PAUL RAABE: Gottfried Benns Huldigungen an Else Lasker-Schüler)

BLEI, FRANZ: Das große Bestiarium der Literatur. Berlin 1924 (Der Laskerschüler)

BLUMENTHAL-WEISS, ILSE: Begegnungen mit Else Lasker-Schüler, Nelly Sachs, Leo Baeck, Martin Buber. Privatdruck für die Freunde der Women's Auxiliary des Leo Baeck Institute. New York 1977

FISCHER, GRETE: Dienstboten, Brecht und andere Zeitgenossen in Prag, Berlin, London. Olten–Freiburg i. B. 1966 (Else Lasker-Schüler, Dichterin)

FRIEDMANN, HERMANN, und OTTO MANN (Hg.): Expressionismus. Gestalten einer literarischen Bewegung. Heidelberg 1965 (GEORGES SCHLOCKER: Else Lasker-Schüler)

GINSBERG, ERNST: Abschied. Zürich 1965 (Else Lasker-Schüler)

HERMLIN, STEPHAN: Lektüre, 1960–1971. Berlin 1973 (Else Lasker-Schüler)

HESELHAUS, CLEMENS: Deutsche Lyrik der Moderne von Nietzsche bis Yvan Goll. Düsseldorf 1961 (Else Lasker-Schülers literarisches Traumspiel)

HILTY, H. R.: Jeanne d'Arc bei Schiller und Anouilh. St. Gallen 1960 (Ein nachgelassenes Drama der Else Lasker-Schüler)

KLOTZ, VOLKER: Kurze Kommentare zu Stücken und Gedichten. Hessische Beiträge zur deutschen Literatur. Darmstadt 1962 (Das blaue große Bilderbuch mit Sternen)

KRAFT, WERNER: Wort und Gedanke. Kritische Betrachtungen zur Poesie. Bern–München 1959 (Else Lasker-Schüler)

KROJANKER, GUSTAV (Hg.): Juden in der deutschen Literatur. Essays über zeitgenössische Schriftsteller. Berlin 1922 (MEIR WIENER: Else Lasker-Schüler)

MARTENS, GUNTER: Vitalismus und Expressionismus. Ein Beitrag zur Genese und Deutung expressionistischer Stilstrukturen und Motive. Stuttgart–Berlin–Köln–Mainz 1971 (Die expressionistische Wendung des Lebenskultes in den Dichtungen Frank Wedekinds und Else Lasker-Schülers; Expressive Antithetik in den frühen Gedichten Else Lasker-Schülers)

MARTINI, FRITZ: Was war Expressionismus? Urach 1948 (Else Lasker-Schüler)

MUSCHG, WALTER: Von Trakl zu Brecht. Dichter des Expressionismus. München 1961 (Else Lasker-Schüler)

NOLTE, JOST: Grenzgänge. Berichte über Literatur. Wien 1972 (Die Träume der Tino von Bagdad)

ROTHE, WOLFGANG (Hg.): Expressionismus als Literatur. Gesammelte Studien. Bern–München 1969 (HEINZ POLITZER: Else Lasker-Schüler)

RYCHNER, MAX: Arachne. Zürich 1957 (Else Lasker-Schüler)

SCHÜMANN, KURT: Im Bannkreis von Gesicht und Wirken. Vier Vortragsstudien (Max Brod, Else Lasker-Schüler, Kurt Tucholsky, Alfred Polgar). München

1959 (Weg und Schaffen der größten Dichterin des Expressionismus)

SERKE, ZÜRGEN: Die verbrannten Dichter. Berichte, Texte, Bilder einer Zeit. Weinheim–Basel 1977 (Else Lasker-Schüler, die Frau, die die Träume nach Israel entführte)

SOERGEL, ALBERT: Dichtung und Dichter der Zeit. N.F.: Im Banne des Expressionismus. Leipzig 1927 (Einzelgänger: 1. Else Lasker-Schüler)

STEFFEN, HANS (Hg.): Der deutsche Expressionismus. Formen und Gestalten. Göttingen 1965 (FRITZ MARTINI: Else Lasker-Schüler. Dichtung und Glaube)

WEISSENBERGER, KLAUS: Zwischen Stein und Stern. Mystische Formgebung in der Dichtung von Else Lasker-Schüler, Nelly Sachs und Paul Celan. Bern–München 1976

WIESE, BENNO VON (Hg.): Deutsche Dichter der Moderne. 3. überarbeitete und vermehrte Aufl. Berlin 1975 (EDGAR MARSCH: Else Lasker-Schüler)

6. Aufsätze über Else Lasker-Schüler

BALL-HENNINGS, EMMY: Die Dichterin Else Lasker-Schüler. In: Schweizerische Rundschau, Jg. 45 (1945/46)

BENYOETS, ELAZAR: Die Liebe ist eine chinesische Mauer. In: Neue Deutsche Hefte, Jg. 12 (1965), H. 104

BIENEK, HORST: Nur Ewigkeit ist kein Exil. Die späten Dichtungen der Else Lasker-Schüler. In: Frankfurter Allgemeine Zeitung, 20. August 1966

BLASS, ERNST: Else Lasker-Schüler zum fünfzigsten Geburtstag. In: Die literarische Welt, Jg. II, Nr. 7 (12. Februar 1926)

BRILLING, B.: Die Vorfahren der Else Lasker-Schüler. In: Allgemeine Wochenzeitung der Juden in Deutschland, 18. Juni 1965

CYPRIAN, M. F.: Else Lasker-Schüler. In: Hochland, Jg. 15 (1917/18)

DAVID, CLAUDE: Karl Kraus – Else Lasker-Schüler. In: Études Germaniques, Oct.–Dec. 1960, 15e année, No. 4

FISCHER, MAX: Else Lasker-Schüler. In: Das literarische Echo 21 (1918/19)

GUDER, GOTTHARD: Else Lasker-Schüler's Conception of Herself as Poet. In: Orbis litterarum, XV (1960), 3/4
The Meaning of Colour in Else Lasker-Schüler's Poetry. In: German Life and Letters, XIV (1961), 3
The Significance of Love in the Poetry of Else Lasker-Schüler. In: German Life and Letters XVIII, No. 3, April 1965

HERALD, HEINZ: Die Wupper. In: Das junge Deutschland, Jg. 2 (1919), H. 3
Stilisieren. Noch ein Wort zur Wupperaufführung. In: Das junge Deutschland, Jg. 2 (1919), H. 4/5

HESELHAUS, CLEMENS: Ein Bündel Wegerich. Zum hundertsten Geburtstag Else Lasker-Schülers. In: Die Brücke, Sonntagsbeilage zur Stuttgarter Zeitung, 8. Februar 1969

HERZFELDE, WIELAND: Fremd und nah. Über meinen Briefwechsel und meine Begegnung mit Else Lasker-Schüler. In: Marginalien 18 (1965)

HOFFMANN, CAMILL: Für Else Lasker-Schüler. In: Das Kunstblatt, Jg. 10 (1926)

HÖFLICH, EUGEN: Else Lasker-Schüler. In: Esra, Jg. 1 (1919/20), H. 7

HOLLÄNDER, FRIEDRICH: Zur Wuppermusik. In: Das junge Deutschland, Jg. 2 (1919), H. 3

HUDER, WALTHER: Die jüdische Nachtigall. Über Else Lasker-Schüler. In: Welt und Wort, Jg. 20 (1965), H. 9

IHERING, HERBERT: Die Wupper. In: Die Schaubühne, Jg. 9 (1913), Bd. 2

KAZUME, IWAS: Else Lasker-Schüler. In: Kakyo 9 (1962)

Eruze Rasuka Shura. In: Expressionismus 1 (1964)

KEMP, FRIEDHELM: Else Lasker-Schüler. In: Hochland, Jg. 41 (1948/49)

KESTING, MARIANNE: Zur Dichtung Else Lasker-Schülers. In: Akzente, Jg. 3 (1956)

KLABUND: Das Herz der Lasker. In: Revolution, Jg. 1 (15. Oktober 1913), H. 1

KOFFKA, FRIEDRICH: Über das Schauspiel «Die Wupper». In: Das junge Deutschland, Jg. 2 (1919), H. 4/5

KRAFT, WERNER: Erinnerungen an Else Lasker-Schüler. In: Hochland, Jg. 43 (1950/51)

Im Gedenken an Else Lasker-Schüler. In: Neue Zürcher Zeitung Nr. 262, 30. Januar 1955

KUPPER, MARGARETE: Materialien zu einer kritischen Ausgabe der Lyrik Else Lasker-Schülers. In: Literaturwissenschaftliches Jahrbuch im Auftrage der Görres-Gesellschaft, N.F., Bd. 4 (1963)

Ein wiederentdecktes Gedicht von Else Lasker-Schüler. In: Germanisch-romanische Monatsschrift, N.F., Bd. 13 (1963), H. 1

Wiederentdeckte Texte Else Lasker-Schülers. In: Literaturwissenschaftliches Jahrbuch im Auftrage der Görres-Gesellschaft, N.F., Bd. 5 (1964), 6 (1966)

Der Nachlaß Else Lasker-Schülers in Jerusalem. In: Literaturwissenschaftliches Jahrbuch im Auftrage der Görres-Gesellschaft, N.F., Bd. 9 (1968), 10 (1969)

LENZEN, HANS LORENZ: Else Lasker-Schüler. In: Orplid, Bd. III (1926), H. 4

MEYER, ANDRE: Vorahnungen der Judenkatastrophe bei Heinrich Heine und Else Lasker-Schüler. In: Bulletin des Leo Baeck Instituts, Jg. 8 (1965), H. 29

OSTER, OTTO: Else Lasker-Schüler. Bildnis einer Dichterin. In: Neues Abendland, Jg. 7 (1952)

PETERICH, ECKART: Else Lasker-Schüler. In: Hochland, Jg. 44 (1951/52)

POLITZER, HEINZ: The Blue Piano of Else Lasker-Schüler, «A Hebrew Poetess in the German Tongue». In: Commentary, vol. 9 (1950), Nr. 4

STURMANN, MANFRED: Briefe an Else Lasker-Schüler. In: Bulletin für die Mitglieder der Gesellschaft der Freunde des Leo Baeck Instituts, Jg. 2 (1959), Nr. 7

The Times Literary Supplement, LXI (1962), No. 3, p. 1162

WALDEN, HERWARTH: Deutsche Dichter und deutsche Richter. In: Der Sturm, Jg. 3 (1912, August), Nr. 121/22

WALLMANN, JÜRGEN P.: «Ein alter Tibetteppich». In: Neue Deutsche Hefte, Jg. 11 (1964), H. 102

Deutsche Lyrik unter jüdischem Dreigestirn. In: Merkur, Jg. 20 (1966), H. 12

WEISS, RICHARD: Else Lasker-Schüler. In: Die Fackel, Jg. 13 (1911), Nr. 321/22

WERNER, GERHART: Der schwarze Schwan Israels Else Lasker-Schüler. In: Allgemeine unabhängige jüdische Wochenzeitung, 20. Oktober 1967

ZWEIG, ARNOLD: Else Lasker-Schüler. Wesen und Leben einer Dichterin. In: Uhu, Jg. 5 (1928, Dezember), H. 3

BAUM, PETER: Gesammelte Werke. 2 Bde. Berlin 1920

7. Weitere benutzte Schriften

ADORNO, THEODOR W.: Noten zur Literatur. Ges. Schriften Bd. II. Frankfurt a. M. 1974

ANZ, THOMAS: Literatur der Existenz. Literarische Psychopathographie und ihre soziale Bedeutung im Frühexpressionismus. Stuttgart 1977

BAB, JULIUS: Die Berliner Bohème. 2 Bde. 2. Aufl. Berlin–Leipzig 1904

BENN, GOTTFRIED: Probleme der Lyrik. 2. Aufl. Wiesbaden 1952

(Hg.): Lyrik des expressionistischen Jahrzehnts. Von den Wegbereitern bis zum

Dada. Wiesbaden 1955

BLOCH, ERNST: Erbschaft dieser Zeit. Frankfurt a. M. 1962

DENKLER, HORST (Hg.): Gedichte der «Menschheitsdämmerung». Interpretationen expressionistischer Lyrik mit einer Einleitung von Kurt Pinthus. München 1971

DÜRRENMATT, FRIEDRICH: Theaterschriften und Reden. Zürich 1966

DURZAK, MANFRED (Hg.): Die deutsche Exilliteratur. 1933–1945. Stuttgart 1973

EDSCHMID, KASIMIR: Die doppelköpfige Nymphe. Aufsätze über die Literatur der Gegenwart. Berlin 1920

FRANZEN, ERICH: Formen des modernen Dramas. Von der Illusionsbühne zum Antitheater. München 1961

FRIEDRICH, HUGO: Die Struktur der modernen Lyrik. Von Baudelaire bis zur Gegenwart. Hamburg 1956

Geschichte der deutschen Literatur vom Ausgang des 19. Jahrhunderts bis 1917. Von einem Autorenkollektiv unter Leitung von HANS KAUFMANN unter Mitarbeit von SYLVIA SCHLENSTEDT. Berlin 1974

HERZFELDE, WIELAND: Blätter aus 50 Jahren. Berlin–Weimar 1961

Immergrün. Merkwürdige Erlebnisse und Erfahrungen eines fröhlichen Waisenknaben. Berlin 1966

Zur Sache. Geschrieben und gesprochen zwischen 18 und 80. Veröffentlichungen der Akademie der Künste der Deutschen Demokratischen Republik. Berlin–Weimar 1976

JUST, KLAUS GÜNTHER: Von der Gründerzeit bis zur Gegenwart. Geschichte der deutschen Literatur seit 1871. Handbuch der deutschen Literaturgeschichte. 1. Abteilung, Darstellungen, Bd. 4. Bern–München 1973

KAFKA, FRANZ: Briefe an Felice und andere Korrespondenz aus der Verlobungszeit. Hg. von ERICH HELLERT und JÜRGEN BORN. Frankfurt a. M. 1967

KAMPMANN, WANDA: Deutsche und Juden. Studien zur Geschichte des deutschen Judentums. Heidelberg 1963

KILLY, WALTHER: Wandlungen des lyrischen Bildes. 5. erw. Aufl. Göttingen 1967

KLEIN, ALFRED: Im Auftrag ihrer Klasse. Weg und Leistung der deutschen Arbeiterschriftsteller. 1918–1933. Berlin–Weimar 1972

KLOTZ, VOLKER: Geschlossene und offene Form im Drama. München 1969

KÖSTER, KURT (Hg.): Exilliteratur. 1933–1945. Ausstellung der Deutschen Bibliothek Frankfurt am Main, Mai–August 1965. Frankfurt a. M. 1965

KREUZER, HELMUT: Die Bohème. Stuttgart 1974

MANN, KLAUS: Heute und morgen. Schriften zur Zeit. Hg. von MARTIN GREGOR-DELLIN. München 1969

LUBLINSKI, SAMUEL: Die Bilanz der Moderne. Berlin 1904

Der Ausgang der Moderne. Ein Buch der Opposition. Dresden 1909

LUKÁCS, GEORG: Deutsche Literatur im Zeitalter des Imperialismus. Eine Übersicht ihrer Hauptsrömungen. Berlin 1950

Der Malik Verlag. 1916–1947. Ausstellung der Deutschen Akademie der Künste. Berlin–Weimar o. J.

MARC, FRANZ: Botschaften an den Prinzen Jussuf. München 1957

RIBBAT, ERNST: Propheten der Unmittelbarkeit. Bemerkungen zu Heinrich und Julius Hart. In: Wissenschaft als Dialog. Studien zur Literatur und Kunst der Jahrhundertwende, Wolfdietrich Rasch zum 65. Geburtstag. Hg. von RENATE VON HEYDEBRAND und KLAUS GÜNTHER JUST. Stuttgart 1969

ROSENHAUPT, H. W.: Der deutsche Dichter um die Jahrhundertwende und seine Abgelöstheit von der Gesellschaft. Bern–Leipzig 1939

RUPRECHT, ERICH, und DIETER BÄNSCH (Hg.): Literarische Manifeste der Jahrhundertwende. Stuttgart 1970

SCHMITT, HANS JÜRGEN: Die Expressionismusdebatte. Materialien zu einer marxistischen Realismuskonzeption. Frankfurt a. M. 1973

SCHOLEM, GERSHOM: Zur Kabbala und ihrer Symbolik. Zürich 1960

SCHWERD, ALMUT: Zwischen Sozialdemokratie und Kommunismus. Zur Geschichte der Volksbühne. 1918–1933. Wiesbaden 1975

SPICKER, FRIEDEMANN: Deutsche Wanderer-, Vagabunden- und Vagantenlyrik in den Jahren 1910 bis 1933. Berlin–New York 1976

STERLING, ELEONORE: Judenhaß. Die Anfänge des politischen Antisemitismus in Deutschland. 1815–1850. Frankfurt a. M. 1969

STERN, FRED B. (Hg.): Auftakt zur Literatur des 20. Jahrhunderts. Briefe aus dem Nachlaß von Ludwig Jacobowski. 2 Bde. Einführung, Kommentar und Bibliographie von Fred B. Stern (= 47. Veröffentlichung der Deutschen Akademie für Sprache und Dichtung, Darmstadt). Heidelberg 1974

TÖTEBERG, MICHAEL: John Heartfield in Selbstzeugnissen und Bilddokumenten (= rm 257). Reinbek 1978

TRAKL, GEORG: Nachlaß und Biographie. Gedichte, Briefe, Bilder, Essays. Hg. von WOLFGANG SCHNEDITZ. Salzburg 1949

Dichtungen und Briefe. Historisch-kritische Ausgabe. Hg. von WALTHER KILLY und HANS SZKLENAR. 2 Bde. Salzburg 1969

VÖLKER, KLAUS (Hg.): Faust. Ein deutscher Mann. Die Geburt einer Legende und ihr Fortleben in den Köpfen. Lesebuch (=Wagenbachs TB 2). Berlin 1975

Namenregister

Über die Autorin

Erika Klüsener studierte deutsche und englische Literatur, Kunstgeschichte und Drama an den Universitäten Münster, München und Washington University, St. Louis, USA. 1979 Promotion mit einer Dissertation über Else Lasker-Schüler. Übersetzung von Büchern aus dem Englischen. Veröffentlichungen über Literatur und Kunst in Fachzeitschriften.

Quellennachweis der Abbildungen

Ullstein-Bilderdienst, Berlin: 6, 49, 65, 76, 79, 88, 89, 112
Stadtbibliothek, Wuppertal: 13, 17, 25, 27, 28, 30, 31, 35, 36, 39, 40, 42 links, 56, 66, 80, 98, 101, 105, 108
Friedrich Pfäfflin, Marbach: 15, 34, 42 rechts, 43, 55, 69, 81, 101, 102, 109, 117, 121
Erika Klüsener: 18, 20, 122, 128
Else Lasker-Schüler-Archiv, Jerusalem: 48, 113, 129
Stadt- und Landesbibliothek, Dortmund: 46/47
Aus: Ruprecht/Bänsch, Literarische Manifeste der Jahrhundertwende: 5
Archiv Preußischer Kulturbesitz, Berlin: 52, 71, 93, 94, 97
Sina Walden: 59
Aus der Zeitschrift «Uhu», Jg. 1928: 73
Universitätsbibliothek Jerusalem: 78, 99
Ilse Benn: 83 oben
Schiller-Nationalmuseum, Marbach: 107
Aus: «Hebräische Balladen», A. R. Meyer Verlag, Berlin: 85
Rheinisches Bildarchiv: 91
Aus: «Mein Herz», Originalausgabe von 1912: 83 unten
Historisches Museum der Stadt Wien: 100
Charlotte Bara: 103
Aus: Westermanns Monatshefte: 104
Foto Gerd-Baatz, Frankfurt: 111
Archiv des Oprecht-Verlags: 115
Miron Sima: 124, 127
Foto S. Spagler, Israel: 126
Verlag «Die Rabenpresse»: 106
Dr. Max Stefl: 87